# 胡雪岩经商十二条戒律

谭晓明 ◎ 编著

中国华侨出版社
·北京·

图书在版编目(CIP)数据

胡雪岩经商十二条戒律 / 谭晓明编著. -- 北京：中国华侨出版社，2012.12（2025.9重印）

ISBN 978-7-5113-3092-5

Ⅰ.①胡… Ⅱ.①谭… Ⅲ.①胡雪岩（1823～1885）－商业经营－经验－通俗读物 Ⅳ.①F715-49

中国版本图书馆CIP数据核字(2012)第281980号

## 胡雪岩经商十二条戒律
### HU XUEYAN JINGSHANG SHI'ER TIAO JIELÜ

| | |
|---|---|
| 编　　著： | 谭晓明 |
| 责任编辑： | 姜薇薇 |
| 经　　销： | 新华书店 |
| 开　　本： | 710毫米×1000毫米　1/16开　　印张：12　　字数：131千字 |
| 印　　刷： | 三河市富华印刷包装有限公司 |
| 版　　次： | 2012年12月第1版 |
| 印　　次： | 2025年9月第2次印刷 |
| 书　　号： | ISBN 978-7-5113-3092-5 |
| 定　　价： | 49.80元 |

中国华侨出版社　　北京市朝阳区西坝河东里77号楼底商5号　　邮编：100028
发行部：（010）64443051

如果发现印装质量问题，影响阅读，请与印刷厂联系调换。

# 前言

胡雪岩的一生大起大落,带着一定的戏剧色彩。看胡雪岩,我们看的是故事,学的是道理,得的是收益。

其实每个人都会对胡雪岩有不同的理解,本书则侧重于从"做人"与"谋断"两大方面去解读胡雪岩,因为,这才是一个人"成事"的根本所在!我们先看做人。

做事先做人,此乃亘古不变的道理。做人做得如何,这是一个人智慧与修养的体现。一个人,无论他是何其聪明、何其能干,倘若不会做人,那么他的事业必然会受到影响。

先贤们早已认清了做人的重要性,大圣人孔子就一再强调"子欲为事,先为人圣""德才兼备,以德为首",由此可见,华夏儿女一直对做人之理看得很重。

其实我们从小到大,有关做人的道理早已听了不下千遍,然而并不是每个人都能融会贯通、身体力行,所以我们做事的结果也就大相径庭。事实上,任何的失败都不是偶然的,同理,每一份成功也都有着它的必然性,其中很重要的一项因素就是怎样做人。

胡雪岩是很会做人的。工作上,他很到位,自己做

得好,还要让老板看在眼中,这为他开了一个好头,也为他奠定了闯事业的基础。他还很会处人情、攀关系,给人的感觉十分仗义,于是不断有人为他的事业添柴加火。这样的情况下,他的身家怎能不"越烧越旺"?

胡雪岩是个商人,虽然骨子里是以利益为重的,但他这个人特别就特别在能将利欲心控制在理性的范畴之内。不义之财,他分文不取;招灾之财,他绝不沾手,再加上他为人颇重信义,待人又多宽厚、少刻薄,所以他这个人在世人心中一直有着颇高的地位。我们完全可以这样说,胡雪岩生前死后之荣,在很大程度上得益于他会做人,这也正应了那句话:"得道者多助,失道者寡助。"

我们再看做事。

人活着就总要做事,但要把事情做大、最好,就需要有一定的谋断。那些在自己能力范围内,能将收益最大化的人,我们才称之为做事的高手。

如今这个时代,职场、商场亦如战场,局势多变错综复杂,如果一味蛮干,有勇无谋,蒙着头向前冲,必然会折戟沉沙。竞争是激烈的,现实是残酷的,一个人倘若不善谋断,那么是决然无法成就大事的,即"无非常之手段",便难有"非常之成功"。

胡雪岩这个人有谋善断,做事绝不拖延、绝不犹疑。他善于思考,能够为自己寻找达到目的的捷径,懂得运用各种策略,运筹帷幄,决胜于千里之外,驭人于肱股之间,由此才造就了他一代豪商的历史地位。

《胡雪岩经商十二条戒律》这本书全部以胡雪岩的故事为案例,情节生动,趣味横生,又以现代人的做事法则加以剖析,深入浅出,通俗易懂。这些道理,会给你以一定的启迪。参照它,你定然能了解到自己身上尚有那些不足之处,并加以改进。这本书,你真的值得拥有!

# 目 录

## 上辑 子欲为事,先为人圣

### 戒律一
**不能吃得苦中苦,别想成为人上人** \\002

吃苦受累一马当先,奋发图强挑起大梁 \\002

艰苦环境磨砺心智,生活困苦积聚力量 \\006

眼前之事一定做好,用心用力还要用脑 \\011

### 戒律二
**世间处处讲人情,没有关系定不行** \\019

善为自己寻找伯乐,背靠大树才好乘凉 \\019

借他人之力为己用,乘风而起青云直上 \\027

## 戒律三
### 为人需以信为先，取财不义必有报 \\036
做人无非讲个信义，童叟无欺真不二价 \\036
君子爱财取之有道，不义之财分文不取 \\042

## 戒律四
### 知人善任是本事，荒废人才是废材 \\051
工作之中适当放手，疑人不用用人不疑 \\051
是什么人干什么事，避其所短用其所长 \\056

## 戒律五
### 和气才能生旺财，驱虎入巷易被噬 \\062
有竞争亦不是冤家，与人为善尽释前嫌 \\062
做事常留三分余地，成人之美和气生财 \\066
结怨同行之财不取，生意场上互惠互利 \\073

## 戒律六
### 得人心细雨和风，治太严亲离众叛 \\080
和风细雨润物无声，投之以李报之以桃 \\080
垂钓人心对症下饵，寻找弱点投其所好 \\088

目 录

## 下辑　畅行天下，要有谋断

### 戒律七
**欲成大事需慷慨，难舍孩子怎套狼** \\094

只有把慷慨撒出去，才能把面子收回来 \\094
但凡善事不要吝啬，赠人玫瑰手有余香 \\102
急人之急便是仗义，济人于难自有厚报 \\106

### 戒律八
**事临头有谋有断，多犹疑难成大器** \\113

多算胜少算则不胜，善谋善断合而为一 \\113
妥善做事有进有退，一招不慎满盘皆输 \\121

### 戒律九
**怀大志眼观天下，视界低真没出息** \\128

做人需要有些自信，能力可以改变人生 \\128
胸怀大局审时度势，眼观六路耳听八方 \\133
做大事要有大气度，荣辱得失别放心头 \\141

03

### 戒律十
**灵活变通事事通，墨守成规是木人** \\ 148

云山雾罩真真假假，遮遮掩掩虚虚实实 \\ 148
八个坛子七个盖子，移东补西钱能生钱 \\ 153

### 戒律十一
**懂方圆左右逢源，不更事难成大事** \\ 157

刚柔并济内外兼修，外圆内方伸缩自如 \\ 157
天黑路滑人心复杂，谨防身边小人作祟 \\ 167

### 戒律十二
**做生意要造形象，没招牌如何进财** \\ 173

名声越响牌子越亮，品牌效应吸金纳银 \\ 173
千倒万倒招牌别倒，留住心气撑起场面 \\ 179

# 上辑

# 子欲为事,先为人圣

做事先做人,此乃亘古不变的道理。做人做得如何,这是一个人智慧与修养的体现。一个人,无论他是何其聪明、何其能干,倘若不会做人,那么他的事业必然会受到影响。

胡雪岩是个商人,虽然骨子里是以利益为重的,但他这个人特别就特别在能将利欲心控制在理性的范畴之内。不义之财,他分文不取;招灾之财,他绝不沾手,再加上他为人颇重信义,待人又多宽厚、少刻薄,所以他这个人在世人心中一直有着颇高的地位。我们完全可以这样说,胡雪岩生前死后之荣,在很大程度上得益于他会做人,这也正应了那句话:"得道者多助,失道者寡助。"

## 戒律一

# 不能吃得苦中苦，别想成为人上人

> 很多人吃不了苦、受不了屈，见了苦就退，受了屈就哭，却从不曾思考怎样让苦尽甘来，怎样化屈为伸，这样的人是决计不会有出息的。事实上，越是艰苦的环境，越能造就人；越是在艰苦环境下做出成绩的人，才越值得尊敬。胡雪岩是穷人家的孩子，困苦的生活造就了他异于常人的性格和意志。得益于此，他每走一步都铿锵有力，每做一事都尽心尽力，这便为他的人生开了一个好头。

### 吃苦受累一马当先，奋发图强挑起大梁

打开历史画卷，我们可以清楚地看到，古往今来、古今中外那些有

志之士，他们之所以能够成功，很大一部分原因就在于勤奋。有道是"勤能补拙是良训"，成功者和失败者或许做着都是相同的工作，而前者可能比后者就多了那么几分的努力，于是便出现了截然不同的命运。

只是很多人看不透这些，他们总是将人生的失败归咎于时运不济或是世事不公。可是，他们从不曾想过，为什么时运轮到他们就不济了，世事对待他们就不公呢。很显然，这是因为他们的努力还不够。要知道，运气、机遇只会青睐那些肯努力、肯付出的人，人生就像跨栏，只要你肯跑下去，就必然会到达终点，就必然会有人为你喝彩。相反，倘若你连第一个栏都不肯用力跨过去，你怕累、怕付出、怕失败，那么你已经输在了起跑线上。

胡雪岩在做事时力求圆满，这对于一个十几岁的少年而言，是非常难得的。我们看看胡雪岩是怎样做的：放牛时，就做个好牛倌，把牛照顾好；学徒时，就有个学徒的样，有眼力见，苦活我干、累活我来，令老板满意。言行得当，该说什么该做什么都了然于心。试想，倘若胡雪岩慵懒散漫、不求上进，即便他对火腿行业老板有照顾之恩，对方也未必会主动去要他，大不了给点钱财或是礼物表达一下谢意即可。所以说，一个人认真做事、善始善终，不仅仅是对别人负责，更是对自己负责。

来到钱庄以后，胡雪岩依旧保持着以往的良好习惯。进入钱庄的前两个月，胡雪岩没日没夜地练习算银票、包银圆等基本功。大多数学徒只是在刚开始时充满激情，但用不了几天就自我感觉良好，不肯再努力

了。然而胡雪岩的勤奋却是一如既往的，虽然他的基本功很快便在学徒之中拔得头筹，但从不曾放松自己。当其他学徒邀他一起游西湖时，他每次都是委婉拒绝。

基于超乎常人的努力，胡雪岩很快便熟练掌握了基本业务技能，他算账时很少出差错，包银圆的速度更是不用说。钱庄老板对胡雪岩的表现非常满意。

不过，胡雪岩并没有因此自满或是懈怠，他依旧将全部精力放在练习业务上，只是偶尔才出去玩一次。一得出空闲，他就向师兄们请教关于钱庄的各种业务知识。因为胡雪岩这个人很勤快、也很热情，不仅对分内事做得尽心尽力，分外事也是能干就干，常帮别人分担一些力所能及的工作，所以店里的人都很喜欢他，师兄们也乐意将自己知道的知识教给他。

于是很快，胡雪岩的业务能力便得到了极大提升，钱庄老板看到他如此刻苦，开始让他练习单独跑业务，每每他都能完成得非常出色，因此老板越发看重他了。

按当时的行规，学徒要满5年才能出师，成为正式职员，但胡雪岩却仅用了3年多便被老板破格提为"跑街"。因为在学徒时，胡雪岩已然对"跑街"的业务知识有所熟悉，所以没过多久，他就成了一个非常优秀的业务员。

半年之后，鉴于他出色的业务表现，胡雪岩又被提为"出店"（相当于现在的业务主管）。随后，就是仅次于老板的"掌盘"（总经理）一职。

在那个年代，像胡雪岩一样外出谋生的人到处都是，但并不是每个人都能做出一番成就。胡雪岩之所以成功了，最重要的原因在于他肯努力，肯奋发图强，他在人生的起点上便已为自己打下了一个好基础。从大阜杂粮行到金华火腿行再到钱庄，他给每一位老板都留下了非常好的印象。可以说，"初出江湖"的胡雪岩完全是凭借着自己的勤奋与智慧，抓住了那些对自己人生起决定性作用的机遇。

遗憾的是，如今很多人根本做不到这一点。他们活干得比别人多一点，就觉得自己很吃亏；钱拿得比别人少一点，便感到很委屈；偶尔加班，便觉得受到了剥削……其实，工作中根本没有必要、也不应该这样斤斤计较。有道是"能者多劳"，你做得多，才证明你的"能"。你所谓的"吃亏"，其实也是一种生活哲学。今时今日吃点"亏"，多付出一些，何尝不是在为日后的成功铺就道路？或许在将来的某一时刻，你的福气就会突然而至。

要知道，工作中过于散漫、随意的人，无论身处哪一领域，都不可能获得真正意义上的成功。仅仅将工作当成谋生的手段，这样的人其实是很悲哀的。所以，无论处于哪一岗位上、无论薪资高低，我们都要尽心尽力、尽职尽责、积极进取，这也正是成功者与平庸者得以区分的关键所在。

纵然老板暂时没有看到你的付出，但请相信天道酬勤。无论什么工作，倘若能够自发、自主地去完成，不但可以让你感受到工作的意义与乐趣，更重要的是，它更有利于我们的长远发展。

有些人总是"事不关己，高高挂起"；将偷奸耍滑视为圆于世故，

这显然是对人生的亵渎。机遇对于每个人而言都是公平的，但它不会在你的等待中出现，更不会在你的幻想中到来，它永远偏爱那些勤奋的人。你可能认为别人的成功是运气使然，那证明你很少为成功而努力，因为你并不晓得人家为自己的事业而付出的不懈努力。

日本"推销之神"原一平曾经说过："好运眷顾努力不懈的人。"而富兰克林也说："不懈努力的人，无往而不利。"须知在通往成功的道路上，胜利永远属于那些"脚上的茧子比别人厚"的人。请记住，成功永远不会伸手即来，它需要你用汗水去灌溉，需要你经验的积累、阅历的丰富、勤奋的坚持。成功入门心法就是：努力，再努力，矢志不移地向着目标努力奋斗！这也是一代豪商胡雪岩能够从一个一穷二白的毛头小子一步步走向强大的根本所在。

---

　　成功的花朵，人们只艳羡它怒放时的美丽，却很少想象它破土而出时的阵痛，以及顶雨沐风的艰辛。对于个人成长而言，没有努力的过程根本无法取得更大的进步，人之一生，只有不吝惜激情与汗水，才能收获梦寐以求的果实。

---

## 艰苦环境磨砺心智，生活困苦积聚力量

当人生处于厄运之时，当人生面对失败之时，当人生面对重大灾难

之时，只要我们仍能在自己的生命之杯中盛满希望之水，那么，无论遭遇什么样坎坷不幸之事，我们都能永葆快乐心情，我们的生命才不会枯萎。胡雪岩幼时就是个苦命人，他能有日后的成就，很大程度上要归功于那份苦难的磨砺。

河蚌体内的小小沙砾，在经过岁月磨砺、心血与汗水的浇灌以后，最终会变成美丽晶莹的珍珠。毫无疑问，这个过程是充满痛苦、极其艰难的。其实人生亦如是，人生需要历练，往往在大风大浪中，我们才能显示出超凡的能力；往往在大起大落时，我们才能磨炼出坚强的意志；往往在大悲大喜时，我们才能将自己提升到一个的新境界；往往在大羞大耻时，我们才能洗涤自己的灵魂。要知道，人活在世界上，不可能一帆风顺，每个成功的故事里都写满了辛酸失败。敢于正视失败，能以正确的态度面对失败，不退缩、不消沉、不困惑、不脆弱，才能有成功的希望。

其实，再多的苦难不过是种历练，亦如成功学大师卡耐基所说的那样："挫折是大自然的计划，经历过挫折考验的人们会对事情做出更充分的准备，把心中的残渣烧掉。因此，我们需要勇敢地拥抱挫折，因为它是我们生命中的另一种维生素。"的确如此，生命需要苦难来洗礼，在这番历练中，你能扛得住，便是成功；你扛不住，便只能平庸。就像那些温室中的花朵，诗人根本不会浪费笔墨加以歌颂，而那傲雪挺立的寒梅，古往今来已不知被多少次提起。究其根由，不正是因为它无畏苦难、可以战胜苦难吗？而人生的成功也是这样。

磨难并非对一个人的摧残，而是一种锤炼。正如孟子所说："天将

降大任于斯人也，必先苦其心志，劳其筋骨，饿其体肤。"每一个人都会经历过不同的痛苦和磨难，当它们光顾的时候，只有勇敢地面对，征服它们，才能让自己不再低头，抬头挺胸，也才能彻底改变自己的命运。

内心充满希望，它可以为你增添一分勇气和力量，它可以支撑起你一身的傲骨。当莱特兄弟研制飞机的时候，许多人都讥笑他们是异想天开，当时有人说："上帝如果有意让人飞，早就使他们长出翅膀。"但是莱特兄弟毫不理会外界的说法，终于发明了飞机。当伽利略以望远镜观测天体，发现地球绕太阳而行时，教皇曾将他下狱，命令他改变主张，但是伽利略依然继续研究，并著书阐明自己的学说，终于在后来获得了证实。最伟大的成就，常属于那些在大家都认为不可能的情况下，却能坚持到底的人。坚持就是胜利，这是成功的一条秘诀。

人生总有重重磨难，它已然成为生活中一个不可缺少的部分，这些经历过的痛苦和磨难，是你的一笔财富、一种收获。也只有在你痛苦和难过的时候，你才会发现一些不起眼的东西、平常的东西此时是多么的可贵和难得。更为可贵的是，当你经历了磨难的时候，你会发现只要战胜了自己向这些磨难妥协的念头，成功之门就会打开。

胡雪岩出生在一个困苦的家庭环境中，父亲在他幼年时便早早地离开了人世。于是，家庭的重担便落到了母亲金太夫人一个人身上。为了给儿子树立一个好榜样，也为了培养儿子不畏艰辛、坚忍不拔的意志，金太夫人从不曾抱怨生活的窘迫与命运的不公。这一切，小小的胡雪岩看在眼里，记在心上，为他日后成就一番事业奠定了良好的基础。

　　为了生活，胡雪岩曾给人放过牛，虽然工作卑微，但他从不曾有丝毫懈怠。后来进入杭州于姓钱庄，在那里当起学徒，烦琐枯燥的学徒工作也没有让胡雪岩有所抱怨。他就那样脚踏实地地工作着。胡雪岩深知，"吃得苦中苦，方为人上人"！他只有做好自己的本职工作，才是对未来负责，才能给自己与母亲一个交代。胡雪岩晓得，命运只掌握在自己手中，他常反省自己，检视自己身上的不足并努力加以完善，而从不会将人生中的困惑归咎于别人。

　　遇事多问问自己，少指责别人成了胡雪岩做事的一贯风格，即使是面对事业破产如此棘手的问题，胡雪岩也从未去抱怨过任何人，他深刻地对自己进行了反思，最终，以"空手来到世界，又空手离开世界"的豁达胸怀认清了事实。

　　严于律己，莫怪他人。家境的贫寒不仅没有让胡雪岩因此而厌世，反而激发了他的生活热情，激发了他对自己严格要求的态度和决心。多问问自己，少指责别人，正是秉持对自己严格要求的态度，胡雪岩才演绎了一个不平凡的人生，才成就了他一代巨商的梦想。

　　其实，逆境是成长必经的过程，能勇于接受逆境的人，生命就会日渐地茁壮。是的，我们的人生也需要选择，我们的生命也需要蜕变，每每苦难来袭，面临选择和放弃，我们都要有足够的勇气改变自己，只有这样才能获得新生，才能铸就另一个辉煌！

　　红尘世事本无常，世人随时都会遇到困厄和挫折。遇见生命中突如其来的困难时，你都是怎么看待的呢？不要把自己禁锢在眼前的困苦中，眼光放远一点,当你看得见成功的未来远景时,便能走出困境,达到你梦想的目标。

我们应主宰自己,做自己的主人。沮丧的面容、苦闷的表情、恐惧的思想和焦虑的态度是你缺乏自制力的表现,是你弱点的表现,是你不能控制环境的表现。它们是你的敌人,要坚决拒绝它们!

在我们日常的工作和生活中,倘若遇到失意或悲伤的事情,一定要学会调整自己的心态。如果你的演讲、你的考试和你的愿望没有获得成功;如果你曾经因为鲁莽而犯过错误;如果你曾经尴尬;如果你曾经失足;如果你被训斥和谩骂……那么请不要耿耿于怀。对这些事念念不忘,不但于事无补,还会占据你的快乐时光。抛弃它吧!把它们彻底赶出你的心灵。如果你的声誉遭到了毁坏,不要以为你永远得不到清白,怀着坚定的信念勇敢地走向前吧!

让担忧和焦虑、沉重和自私远离你;更要避免与愚蠢、虚假、错误、虚荣和肤浅为伍;还要勇敢地抵制使你失败的恶习和使你堕落的念头。你会惊奇地发现,你的人生之旅是多么地轻松、自由!

走出阴影,沐浴在明媚的阳光中。不管过去的一切多么痛苦、多么顽固,把它们抛到九霄云外。不要让担忧、恐惧、焦虑和遗憾消耗你的精力。把你的精力投入到未来的创造中去吧!

其实,人都是活在自己的希望之中,倘若真的有人无望地活着,那么只能说是一具行尸走肉。在现实生活中,很多人心理非常脆弱,一旦遭遇挫折或失败,就会感到无助与绝望,更有甚者甚至会丧失活下去的勇气。其实,只要我们能够在逆境中坚守希望,多半是会柳暗花明的。

请记住，心若在，梦就在！

---

你是不是成材的料子，要看你能不能经受住大灾难、大磨难的考验。一点磨难都没经历过，便想成气候，这可能吗？一点点磨难考验，你都过不去，还谈什么齐家、治国、平天下！这样的人，注定无大作为。其实"所有的锻炼不过是再次呈现我们还没学会的功课"，学着与痛苦共舞，我们才能看清造成痛苦来源的本质，明白内在真相。更重要的是，它能让我们学到该学的功课。

---

## 眼前之事一定做好，用心用力还要用脑

很多平庸、无能的人总是为自己的失败找借口："我没有机遇！"这显然是在自欺欺人。机会对于每个人而言是平等的，就看你有没有能力去把握。胡雪岩从不坐等机遇来找自己，他会以坚强的意志、无畏的勇气、全身心的付出、高人一筹的智慧去创造机会，因为他知道：能够改变命运、拯救自己的人，唯有自己！

毫无疑问，无论在哪行哪业，当权者的态度最终决定着员工的前途。如果不能让老板看好，员工的下场一般会是"走好吧您"！

怎样才能给老板留下一个好印象？这是困扰职场人士良久的问题。其实很简单，只要把事情"做好"即可。当然，这"做好"二字也是有

着一定学问的。

其一，必须将事情尽量做得圆满一些，让老板看到你的"能干"。有了这种印象，他才能在分配重要任务的时候想到你，这无形中也就增加了你晋升的机会。

其二，要懂得巧干。职场中有很多人常念叨"我没有功劳也有苦劳"。诚然，苦劳是一种资本，勤奋努力也是职场人必备的素质，但是，苦干又怎比得上巧干？不管过程如何，老板看重的只是结果。在现在这个时代，能苦干但不出成果的人，已然越来越不被认可了，这样的人很难取得成就。

苦干只是成功的一个条件，但并不是唯一条件。勤奋当然好，但智慧的勤奋岂不是更好！那些成功者除了比一般人勤奋，更重要的一点是，他们比一般人更善于运用智慧！

胡雪岩出身贫寒，只读过两年私塾，8岁时便开始给人家放牛，以减轻家庭负担。13岁那年，胡雪岩捡到一个包裹，并交还给失主，从而得到了去大阜杂粮行做学徒的机会。

来到粮行以后，胡雪岩表现得非常好，老板交代的事情，他做得一丝不苟，老板没有交代的事情，他也能抢着去做。因为他明白，机会是何等的来之不易，只有学到手的东西才是自己的。他越是这样想，工作得也就越勤快，当然，换来的也是老板对他的愈发看重。就这样，一晃两载过去，胡雪岩到了志学之年。此时，他又迎来了人生的第二个机遇。

这一年，有位浙江金华的客人来到大阜杂粮行谈生意，可是刚到不久便染病在床，一病不起。一提及金华，大部分人率先想到的多半是金华火腿。没错，这位客人正是一家金华火腿店的掌柜。他病在异乡，又举目无亲无人照料，身体虚弱得根本无法返回金华，心中是既落寞又着急。

胡雪岩是个热心肠，得知此事以后，他便主动做起了护理工作，忙前跑后，照顾得非常周到。不久，在胡雪岩的悉心照料之下，金华客商的身体便恢复了健康。这令客商十分感动，对着杂粮行老板大大夸赞了一番胡雪岩，并询问他如何得来这样一个好徒弟。于是，杂粮行老板便将自己包袱失而复得的前前后后，以及胡雪岩这两年在店中的表现对客商细说了一遍。

那位客商听完以后极其感叹，就主动找到胡雪岩，问他："我们金华要比大阜有趣很多，你愿不愿意随我一起去金华？"胡雪岩像平常一样答道："这件事我没法立刻给你答复，要征求我们老板的意见。如果老板同意我去，我才可以答应你。如果老板需要我在这里帮他的忙，就是我心中愿意，但也绝对不能跟你走。"

随后，胡雪岩将金华掌柜的意图转告给了自己的老板，老板并没有阻拦，因为论规模和实力，金华火腿行都要远胜于自己的杂粮行，这对于胡雪岩来说，很可能是一个更大的机会。可以说，胡雪岩是很幸运的，他遇到了一个好老板，他可以心甘情愿地给予自己培养出来的人才更大的发展空间。就这样，胡雪岩跟随金华掌柜来到了金华。

到了金华以后，胡雪岩依旧保持着以往的勤劳与谦逊，他对老板言听计从，什么都做，什么都学。这样一来，火腿店掌柜对胡雪岩更是非常看重。

由于金华火腿行规模较大,生意较多,所以与杭州多数钱庄都有业务往来,于是,一种影响胡雪岩一生的东西进入了他的眼帘——银票。

胡雪岩是个穷人家的孩子,困苦的生活令他对金钱有着较重的兴趣与亲近感。他心想,以往都是由官府把持金银流通,民间不能铸造。现在,只要有了钱,个人就可以开钱庄,需要多少钱就写多少,这有多好!将来自己也要开个钱庄,做一个钱庄的老板,就可以随意地花钱了,这种生活简直太美好了!胡雪岩心里有这种想法,其实也是人之常情,毕竟他自幼便贫苦交加,根本没花过什么钱,眼见大量的金钱出入,目睹富贵人家的生活,心中不起波澜才怪。从此,钱庄便与胡雪岩结下了不解之缘,他一生的大部分精力都放在了钱庄之上,因为以钱生钱、用利滚利,显然要比出力赚钱容易很多。于是从那时起,胡雪岩便暗下决心——一定要进入钱庄做学徒。

胡雪岩这个人是非常有心计的,一般人存在这种想法,多会当面去提,直接去争取:"你们这需要学徒吗?看我怎么样,能不能去?"但胡雪岩却有自己的打算。他没有急于开口,这也是他心智高于常人的地方。因为他一旦开口去问,就意味着是在求人,倘若对方不予理睬,那么局面就会很尴尬。从另一方面说,如果被火腿行老板知道,必然会影响二人的关系,甚至还会被开除,如此一来岂不是"偷鸡不成蚀把米"。现代人常会左右为难,顾全一面就伤害另一面,就是因为缺少这种平衡思想。

胡雪岩不动声色,计划却在暗暗进行着。他每次见到钱庄收账的人,总是故意搭讪、问长问短，譬如："你们钱庄有学徒吗？他们每天都学些什么、做些什么呀？"这些看似不经意的寒暄，其实对胡雪岩有着大用处，当他懂了钱庄的基本流程以后，便可以开始着手准备了。在此期间，胡雪岩对于自己有心前往钱庄的意愿只字不提。

更让人刮目相看的是，胡雪岩在得知钱庄学徒必备的基本功——算钱算得快、算盘算得精、写字写得俊以后，便不顾一天的劳累，每晚暗自练习练习书法、珠算、心算，由于心中有着坚定的目标，又肯用心，他在这方面的进步非常之快。

当有了一定基础以后，胡雪岩又用了上自己的心计——他在与钱庄伙计对账时，完全不用算盘，全是使用心算，而且算得又快速又精准。如此一来，钱庄的人自然很快注意到他，都称赞这个小伙子了不起。这时，他又显示了自己珠算的本事，手指一拨，算得更快，这令钱庄的人对他更是惊叹不已。

钱庄掌柜见胡雪岩又聪明、又勤快、又肯学，不由得与火腿店掌柜攀谈起来。掌柜便将以前的事细说一遍。对方闻言更是感叹不已，觉得胡雪岩不仅聪明勤快，更重要的是有拾金不昧、诚实守信的精神，这对于做钱庄行业的人而言，是必备的品质，是很难得的，于是，便有心将胡雪岩收至麾下。他对火腿店掌柜说："我的钱庄里是很需要这种人的，你能不能忍痛割爱，把他让给我呢？"就这样，胡雪岩得到了影响他一生的、最关键的一次机会。

人生中的很多事，哪怕只是一点偏差，都可能会影响别人对自己的看法，都可能会错失良机。

　　对自己负责的另一个要点，就是要懂得把握机会，甚至没有机会的时候，要给自己创造机会，让对方看到你的能耐。胡雪岩并没有开口争取什么，但他一直在努力表现，让别人从他的表现中看到潜力，机会自然就会眷顾于他。他还在火腿店的时候，就努力地准备，虽然人不在钱庄，但专业水平丝毫不比钱庄学徒差，因为即便是钱庄，对于学徒的培训结果也不过如此。所以说，一个人若想成就一番事业，首先就要完善自身、做好准备等待机遇；其次当机遇来临时，要行动迅速抓住机遇；再次就是要懂得创造机遇。待你的一切准备充分了，成功自然水到渠成。

　　很多人抱怨命运女神厚此薄彼，将人生中的不顺、事业上的失败，归结于机遇冷待自己。事实上，机遇对所有人都一视同仁，一如阳光普照大地，而能否最大限度地利用这份光和热，则完全取决于你自己。

　　机会有"怪癖"，也很"懒惰"，它绝不肯浪费精力去寻找那些守株待兔、坐享其成的人；换言之，那些一心想要改变自己的人生、常常忙得焦头烂额、四处寻找机遇的人，往往容易得到机遇的垂青。若以"常理"推论，机遇似乎更应属于那些有时间、有精力的人，但事实却恰恰相反，天生的"怪癖"使它情愿为那些正在筹备梦想、忙于计划的人而现身。机遇是一种"灵物"，它双眼雪亮、行动迅速，它会主动找到那些愿意迎接机会的人；机遇是一种意念，它只存在于那些认清机会的人心中。

　　机遇带有一层神秘面纱，但绝非无法参透和洞悉。聪明人更善于一边经营生活、经营人生、经营家庭，一边捕捉身边的每一条信息，寻找足以令自己飞跃或成功的机遇。若是时机尚未成熟，他便暗蓄力量、厚积薄发，低调营造着自己的生活；可一旦时机成熟，他们必然会牢牢抓住机遇，顺势而上，将自己的人生、事业推向巅峰。

机遇并不是公交车，它不会定时来到你身边，它需要你认真地准备和刻意去追求。"我没有机会"——这永远只是失败者的托词。

那些一直认为"我只是在为老板"工作的人，注定与机遇无缘。你要知道，老板只是提供给你工作的机会，而能否做出一番成绩来证明自己，这完全要由你来把握。虽然说未必每一份付出都能够获得高额的回报，但你今天所做的一切，必然会在今后的日子中回报给你。

一个人若想在职场中有所建树，就必须把该做的事情做好，让老板看好。如此，你才能够得到更多的发展机会。

当然，仅仅精通业务还是不够的，职场人士更要善于推销自己。正如《形体、性格与职业选择》一书所说："你的一生成败大部分依赖于你是否具备推销自己潜能的能力。有些人天生懂得怎样有效地推销自己，并给人们一种良好的印象，这完全是因为他们使用了一点额外的智力，我们姑且称之为'推销潜能意识'。"胡雪岩在自我推销方面绝对是高手中的高手，这一点，从他两次"跳槽"的经历中，可见一斑。

可见，机会的创造需要以素质积累为基础，你希望生命中出现彩虹，就必须勇于经历风雨；你想淘得人生的第一桶金，就必须忍受风沙侵袭；你想要成就一番事业，就必须勤勉自励，对人生充满信心和希望，要敢于接受各种挑战，练就过硬的素质。只有这样，你才能为自己创造出更多机会，也就为"成功"增添了更多选择。

业务上必须刻苦,力求精益求精,但绝不能默默无闻,过分的低调只能埋没你的才华。在职场上打拼,巧妙、合理的自我推销十分必要。一个聪明人,当他付出额外努力促成某项工作提前完成时,一定会不动声色地让老板知道。俗话说:"七分苦干三分吆喝。"如果处理得当,自我表现绝对是职场人士吸引老板眼球的有力工具。

## 戒律二

# 世间处处讲人情，没有关系定不行

> 胡雪岩善于借势，尤其是"人势"，他把各种复杂的人际关系处理得妥妥帖帖，于是，便被人"抬着"进入了富商大贾之列。

### 善为自己寻找伯乐，背靠大树才好乘凉

如果说，三级跳远运动员的水平在踏板准确、飞身如箭，那么古代经商也需要有发现跳板的功夫。对胡雪岩来说，他在最关键的时刻总能抓住转折点。胡雪岩日后能做大生意，与他命运中的伯乐是分不开的。

俗话说"背靠大树好乘凉"，又说"店里有人好吃饭，朝中有人好做官"。但凡有心计的人，都会在生活中时刻留意，寻找一切可以利用

的机会为自己抓住一位"伯乐",以求借助伯乐的力量帮助自己赢得成功。大体上说,"伯乐"能够带来以下几种好处。

其一接近"伯乐"能够使自身的能力得到提升。所谓"伯乐",多是在事业上或某一方面有所建树的成功者。接近他们,不但可以领悟对方先进的思想、经验以及为人处世的技巧,同时亦可激发自己赶超对方的欲望。

其二接近"伯乐"能够拓宽人际关系网。所谓"人以群聚,物以类分",伯乐身边必然会有一些能力不俗的朋友。通过"伯乐"的牵线,便可认识更多的伯乐,从而使自己的人脉更加宽广。

其三"伯乐"可做后盾。伯乐能够为其提供机会、物质上的帮助。借助伯乐的力量,便可以缩短成功的时间,在激烈的竞争中脱颖而出。退一步说,就算本身渴望成功的欲望不强,但若在生活中遇到什么麻烦,是不是还有伯乐的"庇护"呢?

毫无疑问,胡雪岩生命中的第一个伯乐当属王有龄无疑,但好景不长。太平天国起义爆发以后,太平军占领杭州城,而王有龄也因此上吊自杀了。虽然骤然间失去了一个稳固的靠山,但胡雪岩并没有苦闷多久,他开始寻找新的目标。不久,他盯上了新任浙江巡抚左宗棠。

此时左宗棠正忧心忡忡。杭州连年战争,饿死百姓无数,无人耕作,许多地方真是"白骨露于野,千里无鸡鸣"。他带领数万人马同太平军征战,自己的几万人马吃饭成了个大问题。

正在焦虑之时,手下人报,浙江大贾胡雪岩求见。左宗棠乃传统的官僚,有"无商不奸"的思想在脑中作怪,而且他又风闻胡氏在王有龄危困之时，居然假冒去上海买粮之名，侵吞巨款而逃，心想此等无耻的奸商，本不欲见他，无奈蒋益澧的面子，只得待了半天，才懒洋洋地宣胡雪岩进见。

胡雪岩一进门，就察觉到了气氛的不对，随即告诫自己小心谨慎。胡雪岩振作精神，撩起衣襟，跪地向左宗棠说道："浙江候补道胡雪岩参见大人！"左宗棠视而不见，仍怒目圆睁。一会儿，左宗棠那双眼睛开始转动，射出凉飕飕的光芒，将胡雪岩从头到脚仔细打量一遍。胡雪岩头戴四品文官翎子，中等身材，双目炯炯有神，脸颊丰满滋润，一副大绅士派头。端详之后，左宗棠面无表情地说道："我闻名已久了。"这句话谁听了都觉得刺耳，谁都懂得它的讽刺意味。胡雪岩以商人特有的耐性，压住心中的不满，他觉得自己面前只不过是一个挑剔的顾客，挑剔的顾客才是真正的买主。胡雪岩没有直接谦虚地回答左宗棠，而是再次以礼拜见左宗棠。他知道左宗棠素来是个吃捧的人，抓住这一弱点，恭贺左宗棠收复杭州，功劳盖世，又向左宗棠道谢，使杭州黎民百姓过上安定日子。胡雪岩一边恭维一边注视着左宗棠，他见左宗棠脸上露出一丝不易让人觉察的微笑。捕捉到这一信息，胡雪岩又急忙施礼。这一次左宗棠虽然仍旧矜持地坐在椅子上，但先前阴沉的脸绽开了笑容，也许面子上过不去，他装作恍然似的说："哎呀，胡大人，请坐！"胡雪岩在左宗棠右侧的椅子上坐了下来，摆脱了尴尬的窘境。

胡雪岩坐定之后，左宗棠直截了当问起当年杭州购粮之事，脸上现出肃杀之气。胡雪岩这才如梦初醒，赶紧把事情从头到尾讲了个清清楚楚，说到王有龄以身殉国，自己又无力相救之处，不禁失声痛哭起来。

左宗棠这才明白自己误听了谣言,险些杀了忠义之士,不禁羞愧不已,反倒软语相劝胡雪岩。

胡雪岩见左宗棠态度已有松动,急忙摸出20000两藩库银票,说明这银票是当年购粮的余款,现在把它归还国家。他解释说,这巨款本应属于国家,现在他想请求左帅为王有龄报仇雪恨,并申奏朝廷惩办见死不救又弃城逃跑的薛焕。这符合常情的恳求,左宗棠欣然答应,并叫管财政的军官收下了这笔巨款。

20000银票对于每月军费开支10余万两的左军来说虽属杯水车薪,但毕竟可解燃眉之急。胡雪岩清楚地知道左宗棠想要的是什么,所以不失时机地掏出银子,为自己争得了左宗棠的好感。

收下胡雪岩的银票后,胡雪岩对王有龄的忠心使左宗棠非常佩服,立即叫人上茶,和胡雪岩闲聊。胡雪岩大赞左帅治军有方,孤军作战,劳苦功高。胡雪岩说话有分有寸,当夸则夸,要言不烦,让人听起来既不觉得言过其实,又没有谄媚讨好的嫌疑。左宗棠听得眉飞色舞,满脸堆笑。胡雪岩见左宗棠已被自己的话吸引,他想,只要实事求是地奉承恭维,左帅还是能够接受的。如果拉他做靠山,往后的生意更会如日中天。主意拿定后,他抛砖引玉,话锋一转,指责曾国藩只替自己打算,抢夺地盘,卑鄙无义;气愤地谴责李鸿章不去乘胜追击占领唾手可得的常州,而把立功的机会让给曾国藩的弟弟曾国荃做人情。胡雪岩有根有据的指斥引起了左宗棠的共鸣,左宗棠在心中对胡雪岩更有好感了。

过后,左宗棠亲自将胡雪岩送出大门,他认为胡雪岩不仅会做生意,而且还对官场非常熟悉,是一个大有作为的能人,难怪杭州留守王有龄对他如此器重。然而粮食仍像幽灵一样萦绕脑际，缠得左宗棠心急如焚，愁眉不展，一连几天都没有想出个好办法。

其实胡雪岩上次别后，就筹划着如何帮助左宗棠解决粮食问题以解眼下之急。他迅速到上海筹集了上万石大米运回杭州，一部分救济城里的灾民，另一部分送到了军营。

这万石大米真是雪中送炭，不仅救了杭州，而且对左宗棠肃清境内的太平军也助了一臂之力。左宗棠捋着花白的胡须，连日紧皱的双眉舒展了，他高兴不已，内心总觉得过意不去。他说："胡先生此举，功德无量，有什么要求，不妨直说。我一定在皇上面前保奏。"胡雪岩大不以为然，他说："我此举绝不是为了朝廷褒奖。我本是一生意人，只会做事，不会做官。"

"只会做事，不会做官"这一句话可当真说到左宗棠的心坎上了。左宗棠出身世家，以战功谋略闻名，在与太平军的浴血奋战中，更是功绩彪炳，所以平素不喜与那些凭巧言簧舌、见风使舵之人为伍，对这些人向来鄙夷不屑。此时一句"只会做事，不会做官"当真是使左宗棠感觉遇到了知己，对胡雪岩顿时更觉亲近，赞赏之意，溢于言表。

粮食的问题得到解决，但军饷还没有着落。军饷像重担似的压在左宗棠的心上。由于连年战争，国库早已空虚。两次鸦片战争的巨额赔款犹如雪上加霜，使征战的清军军费自筹更为困难。左宗棠见胡雪岩如此机灵，于是请胡雪岩为他想法筹集军费。胡雪岩一听每月筹集20万两的军费，感到非常棘手，但他认为如果能够顺利筹集，左帅对自己会加倍信任。胡雪岩经过一番深思熟虑后便把自己的想法全盘告诉了左宗棠。

原来，太平天国起义10年来，不少太平军将士都积累了很多钱财，如今太平军败局已定，他们聚敛的钱财不能带走，应该想法收缴。但由于这些太平军不敢公开活动，唯恐遭到逮捕杀头，常常躲藏起来。胡雪岩认为左帅可以闽浙总督的身份张贴告示，令原太平军将士只要投诚，愿打愿罚各由其便，以后不予追究。

左宗棠心有灵犀一点通。这确实是个好办法，既收集钱财，又能笼络人心，一箭双雕。可如此做法还没有先例，如果处理不周，后果不堪设想。左宗棠将心中的顾虑和盘托出，胡雪岩忙出妙策。他的理由是：太平军失败后，很多人都要治罪。但人数太多株连过众，又会激起民愤，扰得社会又不安宁。这与战后休养生息的方针背道而驰。最好的处置就是网开一面，给予出路，实行罚款，略施薄刑。这些躲藏的太平军受罚后就能够光明正大地做人，当然愿罚，何乐不为。

左宗棠对胡雪岩的远见卓识钦佩不已，当即命胡雪岩着手办理。回去后，胡雪岩立即着手，张贴布告，道之以理，晓之以义。不多久，逃匿的太平军便纷纷归附，一时间四海闻动，朝廷惊喜。借助这一机会，阜康钱庄也得利不少，胡雪岩更是四品红顶高戴，成了真正的"红顶商人"。

通过这件事，左宗棠既了解了胡氏的为人，也了解到胡氏办事的手段，知道这确实是一个难得的人才，于是倾心结交，倚之为股肱，两人很快成为知己。

回头看胡雪岩结交左宗棠的过程，主要有三个因素。

第一，对左宗棠的充分了解。胡雪岩在决意攀附左宗棠这座大靠山之时，已经通过各种渠道对左氏有了透彻的了解。他知道左宗棠是"湖南骡子"脾气，倔强固执，难以接近。他也知道左氏因功勋卓著，颇为自得，甚喜听人褒扬之辞。他对左宗棠与曾国藩及其门生李鸿章之间的重重矛盾了解得很透彻。建立在这些了解之上，他才能打一场有准备之仗，使得言辞正中左氏的下怀。

第二，善急人之所急。光说不做是不行的，胡雪岩打动左宗棠还体现在他的行动上。他解了左氏的燃眉之急，为他做好了两件事：筹粮与筹饷。这两件事对左宗棠来说都是迫在眉睫的，现在胡雪岩主动地为他去掉了两块心头之病，当然也就换取了他的感谢和信任。

第三，最重要的还是胡雪岩本人的真才实学。胡氏结交官场自有一套或以财取人，或以色取人，或以情取人的手法，然而这些对左宗棠而言都是不起作用的。左宗棠贵为封疆大吏，区区小惠根本不放在眼中，若是胡雪岩只是一个有意拉拢的庸人，左氏早就三言两语把他打发掉了。而左宗棠之所以器重他并引为知己是因为胡雪岩有过人的才学，能助他一臂之力，是一名不可多得的人才。所以，他才愿意在胡雪岩的生意中加以援手，因为他知道，两人是互惠互助的关系。

由于靠上了左宗棠这棵大树，胡雪岩衰败的生意很快有了生机，而且比以前发展更快。十数年间，运输、购置弹药，筹借洋款，拨饷运粮，无一不经其手，以这种大势，求十一之利，胡雪岩的事业如日中天，财富也从数十万银转而至数百万进而至数千万。

生活中有很多人不是不明白"背靠大树"的好处，却迂腐地自命清高，不肯求人相助，所以他们办起事来往往要比别人难上几倍甚至十几

倍。试看那些成功人士，谁没有伯乐相助呢？

在这个"以人为本"的时代，如果没有几个能够帮衬自己的朋友，那么做起事来显然困难不小。所以说，你需要给自己找一棵或几棵大树来靠一靠。诚然，一个人的成功，与其自身的努力是分不开的。但倘若能够得到伯乐从旁相助，你就会少走很多弯路。打个比方，大家都知道，金庸小说中的郭靖的资质简直不敢恭维，但是他得到了很多伯乐相助——师父北丐洪七公、岳父东邪黄药师，其他诸如老顽童、丘处机、江南七怪，等等，哪一个不在江湖上声名显赫？也正是得益于这些人的烘托、帮助，以及自己的不断努力，郭靖才得以威震江湖，成为一代大侠。

在现实中，我们步入社会尤其是进入职场以后，文凭的效用将逐渐变得模糊。大家的起步点大致相同，能力又不相上下，除非你特别出众，否则很难处于领先的位置。因而，若想尽快拔得头筹，我们必须借助外界力量，为自己寻找一位"伯乐"，并紧紧追随在伯乐身后，这或许是你成功的最快路线。

---

在生活中，不断寻找将来能够帮助自己成功的人；对于什么样的人可以帮助我们，做到心知肚明；当这些人有需要时，适时地雪中送炭；如此，必能为自己聚集丰富且极为受用的人脉。当你做到了，你就能够成事。

---

## 借他人之力为己用，乘风而起青云直上

　　站在高处向人挥手，手臂没有变长，别人却能在远处看到；顺风召唤，音量没有升高，可别人在远处也能听到；那些驾车之人，未必能跋山涉水，却依旧可以到达千里之外；那些行舟之人，未必精于水性，却能横渡长江——这就是借势的力量。胡雪岩几乎能够借用到他所需要的一切力量，所以他比别人站得更高、走得更远。

　　荀子在《劝学》中说过这样一句话："君子生非异也，善假于物也。"其意为：那些有才能的人，并非天生与普通人就有很大差别，只是更善于借助外物而已。其实，那些有大成就的人，他们的成功往往凭借的并不是一己之力，而是借助多方面的力量，或是与他人合作完成的。今天则更是如此，生存的竞争愈发激烈，一个人若想有所建树，就必须在自身能力的基础上，学会善假于物，才有可能"百尺竿头，更进一步"，让自己在芸芸众生中脱颖而出。

　　有个成语相信大家都不陌生，就是"四两拨千斤"，在武侠小说中它是太极拳的精髓所在，厉害非常，虽然自己不用使出多大的力气，却能靠借力打力给予对手沉重的一击。这就是我们今天所说的"借势"。

　　"借势"是现代人不可不掌握的一门学问。毕竟，一个人的精力是有限的，即便再怎么优秀，若想凭一己之力征服一切，显然是力不从心的。所以我们就要去"借"，"借智慧""借资金""借技术""借人才"……借一切可为我所用之物。要知道，这个世界早已为你准备好一切所需资

源，只要运用智慧把它们搜集并组合起来，想不成功都难。

胡雪岩在商业经营活动中，就十分注重借势经营，与时相逐。他的商业活动，十有八九是围绕取势用势而展开的，他也从不放弃任何一个取势用势的机会，从而不断地拓展自己的地盘，张扬自己的势力。没有势，就没有利；没有利，就没有势。势，就是力量，就是走向。积蓄起来的力量为势，找到走向的道理也是势。正如古人所说："理有所至，势所必然。"

对此，胡雪岩有自己的一套经商理念，即"势利，势利，利与势是分不开的，有势就有利。所以现在先不要求利，要取势"。可以看出，胡雪岩呈现出主动开放的性格，积极地去借势经营，把自己摆在主动者的位置上，所以有大的收获。

对于胡雪岩来说，积极寻求的"势"主要有四种，他说："权场的势力，商场的势力，江湖的势力，我都要。这三势要到了，还不够，还有洋场的势力。"综合胡雪岩经商生涯来看，其突出特点就在他的"借势取势"理论。权场势力、商场势力、洋人势力和江湖势力他都要，他知道势和利是不分家的。有势就有利，因为势之所至，人们才马首是瞻，这就没有不获利的道理。另一方面，有势才有利，社会上各种资源散溢着，就像水白白流走一样，假若不予蓄积，没有成熟，就无法形成一种力量、一种走向。蓄势的过程，就是积聚力量，形成规模，安排秩序，形成走向的过程。积聚力量和安排调度，正是一个大商人积极主动性格的主要体现。

在胡雪岩看来，凡事总要超出别人一截，眼光总要比别人放得远，才能步步得势——权场的势、商场的势、江湖的势、洋场的势，进而因势取利，水到渠成。

胡雪岩善于借取商场势力。胡雪岩借商场势力的典型一例是他垄断上海滩的生丝生意，体现了胡雪岩在商业谋略上的与众不同。

第一批生丝运往上海时，适逢小刀会肇事。胡雪岩通过权场渠道了解到，两江督抚上书朝廷，因洋人帮助小刀会，建议对洋人实行贸易封锁，教训洋人。

只要官府出面封锁，上海的生丝就可能抢手，所以这时候只需按兵不动，待时机成熟再行脱手，自然可以卖上好价钱。

要想做到这一点，就必须控制上海生丝生意的绝对多数。和庞二的联手促成了在生丝生意上获得优势。庞二是南浔丝行世家，控制着上海生丝生意的一半。胡雪岩派玩技甚精的药房合伙人之一刘不才专和庞二联络感情。起初，庞二有些犹豫。因为他觉得胡雪岩中途暴发，根底未必雄厚。随后，胡雪岩在几件事的处理上都显示出了能急朋友所急的义气，而且在利益问题上态度很坚决，显然不是为了几个小钱而奔波，在丝生意上联手，主要是为了团结自己人，一致对外。有生意大家做，有利益大家分，不能自己互相拆台，好处给了洋人。庞二也是很有担待的人，认准了你是朋友，就完全信任你，所以他委托胡雪岩全权处理他自己囤在上海的生丝。胡雪岩赢得了丝业里百分之七十强的生意，又得庞二的倾力相助，做成了商业上的绝对优势，加上官场消息灵通，第一场丝茧战胜了。接下来，胡雪岩手上掌握的资金已从几十万到了几百万，开始为左宗棠采办军粮、军火。

就这样，胡雪岩所希望的商场势力已经完全形成。这种局面的形成和他在权场的势力配合甚紧，因为加征蚕捐，禁止洋商自由采购等，都需要官面上配合。尤其是左宗棠升任两江总督，胡雪岩更觉如鱼得水。江湖势力方面，像郁四等人，本身的势力都集中在丝蚕生产区，银钱的调动，收购垄断的形成，诸事顺遂。因为他们不只行商，而且有庞大的帮会组织做后盾，虽无欺诈行为，但威慑力量隐然存在，不能不服。

在胡雪岩的其他生意方面，商势促成了经营这一点也很突出。比如钱庄，从杭州发展到宁波、上海、武汉、北京，在同治光绪年间已经位居江南诸钱业同行之首，与北方的山西帮票号遥相犄角，声名大振，信誉日上，又借官款为后盾，成为客户心中不倒的金字招牌。

典当行的发展更为迅速，全国已开设到二十家，和阜康的钱业、胡庆余堂的药业一样，都成为胡雪岩在商场立足发展的巨大支柱。

胡雪岩敢于借取江湖势力，这是他经营的第三种重要手段。

胡雪岩借取江湖势力自有章法。王有龄初到海运局，便遇到了漕粮北运的任务。粮运涉及地方官的声望，所以督抚黄宗汉催逼甚紧，前一年为此还逼死了藩司椿寿。

按照胡雪岩的主意，这个任务说紧也很紧，说不紧也不紧。办法是有的，只需换一换脑筋，不要死盯着漕船催他们运粮，这样做出力不讨好，改换一下办法，采取"民折官办"，带钱直接去上海买粮交差，反正催的是粮，只要目的达到就可以了。

通过关系，胡雪岩找到了淞江漕帮管事的曹运袁，漕帮势力大不如前了，但是地方运输安全诸方面，还非得漕帮帮忙不可。这是一股闲置的、有待利用的势力。运用得好,自己生意做得顺遂,处处受人抬举;忽视了这股势力,一不小心就会受阻。

而且各省漕帮互相通气,有了漕帮里的关系,对王有龄的海运局完成各项差使也不无裨益。一旦有个风吹草动,王有龄也不至于受捉弄,损害名声。

所以胡雪岩和尤五打交道,不但处处留心照顾到松江漕帮的利益,而且尽己所能放交情给尤五。加上胡雪岩一向做事一板一眼,说话分寸特别留意,给尤五的印象是,此人值得信任。

有了这个印象,"民折官办"购粮一事办得很顺利,尤五把他尊为门外兄长,凡事请教。

后来事实证明,尤五这股江湖势力给胡雪岩提供了很大方便。胡雪岩在王有龄在任时做了多批军火生意,在负责上海采运局时,又为左宗棠源源不断地输送新式枪支弹药。如果没有尤五提供的各种方便和保护,就根本无法做成生意。

胡雪岩很注意培植漕帮势力。和他们共同做生意,给他们提供固定的运送官粮物资的机会,组织船队等,只要有利益,就不会忘掉漕帮。胡雪岩有一个固定不变的宗旨就是:"花花轿儿人抬人。"我尊崇你,你自然也抬举我。势的做成就是这样。

江湖势力在晚清渐趋衰落,主要是因为各种社会经济因素变化引起的。比如洪门和漕帮,当年借重的是连接南北的运输河道。河道一旦冲淤堵塞,财路一步步衰微,江湖势力也就一步步减退。又比如镖局,当年押银护款,呼啸南北,哪一个钱庄不需要借重镖师?后来银票兴起了,划汇制度也形成了,镖师就逐渐由有人尊敬到无人借重,势力就自然江河日下。

不过,即使大不如前,江湖势力也还一直以各种形式重新组合,发挥着自己的作用。

所以,在胡雪岩生活的时代,江湖势力仍是影响社会生活的一支重要力量。胡雪岩把这支力量组织起来,和自己在官场的势力、在洋场的势力结合起来,作出了花团锦簇的市面来。

胡雪岩借取的最后一个"势"是"洋场势力"。

我们都知道,胡雪岩的成功在很大程度上得益于太平天国农民运动和清朝政府被迫对外开放,因为这两者使得当时的中国成了一个乱哄哄的局面。而在这之中,胡雪岩善于应对,认得准方向,把握得准秩序。他对洋场势力的借取,也正是得益于他的这种宏观把握能力。

起初,胡雪岩尚未投入做丝生意时,就有了与洋人抗衡的准备。按他的话说就是,做生意就怕心不齐。跟洋人做生意,也要像收茧一样,就是这个价钱,愿意就愿意,不愿意就拉倒,这么一来,洋人非服帖不可。而且办法也有了,就是想办法把洋庄都抓在手里,联络同行,让他们跟着自己走。至于想脱货求现的,有两个办法:第一,你要卖给洋人,不如卖给我,第二,你如果不肯卖给我,也不要卖给洋人,要用多少款子,拿货色来抵押,包他将来能赚得比现在多。凡事就是开头难,有人领头,大家就跟着来了,具体的做法因时而转变。

在胡雪岩首次做丝茧生意时,就遇到了和洋人打交道的事情,并且认识了洋买办古应春。二人一见如故,相约要用好洋场势力,作出一番市面来。

胡雪岩在洋场势力的确立,是他主管了左宗棠为西北平叛而特设的上海采运局。

上海采运局可管的事体甚多。牵涉和洋人打交道的,第一是筹借洋款,前后合计在1600万两以上;第二是购买轮船机器,用于由左宗棠一手建成的福州船政局;第三是购买各色最新的西式枪支弹药和炮械。

由于左宗棠平叛心坚,对胡雪岩的作用看得很重,凡洋务方面无不要胡雪岩出面接洽。这样一来,逐渐形成了胡雪岩的买办垄断地位。

洋人看到胡雪岩是大清疆臣左宗棠身边的红人,生意一做就是二十几年,所以也就格外巴结。这也促成了胡雪岩在洋场势力的形成。

胡雪岩在丝茧生意上和洋人打商战,时间持续了近二十年。其间,胡雪岩节节胜利,中国人扬眉吐气。

19世纪末20世纪初,西方先进的丝织机已经开始进入中国,洋人也开始在上海等地开设丝织厂。胡雪岩为了中小蚕农的利益,利用手中资金优势,大量收购茧丝囤积。洋人搬动总税务司赫德前来游说,希望胡雪岩与他们合作,利益均分。胡雪岩审时度势,认为禁止丝茧运到上海,这件事不会太长久的,搞下去两败俱伤,洋人自然受窘,上海的市面也要萧条。所以,自己在这方面应该从中转圜,把彼此不睦的原因拿掉,叫权场相信洋人,洋人相信权场,这样才能把上海弄热闹起来。但是得有条件,首先在价格上需要与中国这方面的丝业同行商量,经允许方得出售;其次,洋人须答应暂不在华开设机器厂。和中国丝业同行商量,其实就是和胡雪岩他自己商量。因为胡雪岩做势既成,在商场上就

有了绝对发言权。有了发言权，就不难实现他因势取利的目的。

势力一旦形成，别人就不易进入。就像自然保护区一样，在保护区内是受保护的动物的天下，外类不得涉足。外人想涉入也是不大可能，因为洋人认准了胡雪岩，不大相信不相干的来头。江南制造总局曾有一位买办，满心欢喜中接了胡雪岩手中的一笔军火生意，却被洋人告之，枪支的底价早已开给了胡雪岩，不管谁来做都需要给胡雪岩留折扣。

由此看来，在胡雪岩的经营性格中，包含了一种积极主动的成分，他总是善于动脑筋，找渠道，形成一股强大的商势，打开了自己的经商人生之门。相反，如果胡雪岩是一个性格内敛、不善用势的人，这些利益恐怕就属于别人了。

很多人屡屡不能突破人生的瓶颈，于是开始感叹自己生不逢时，有才华而无伯乐赏识，有能力而无处发挥，感慨竞争环境太过恶劣。其实，上帝给予每个人的资源大致是相同的，就看你能不能去利用好。乌鸦的体型与羊相比，显然差得很多吧，如果单凭一己之力要想吃到羊肉，无异于天方夜谭。但聪明的乌鸦懂得借势而为，利用投羊粪的方法将狼引来，待狼吃饱离去，它们便可以美美地享受羊肉大餐了。鸟兽尚且如此，人当然能够比它们做得更好，所以说，人生能不能成功，关键在于你怎样经营。

有些人的性格过于自敛，不善于让自己处于开放的状态中，所以很难借势而打天下。我们知道，势是一种力，做事要如中国一句成语说的，"与其待时，不如乘势"，许多看起来难办的大事，居然顺顺利利地办成了，就因为懂得乘势的缘故。要想做个成功的人，就应当具备借势而行的性格和能力。

不少人希望以一己之力摇旗呐喊,造成对自己有利的态势,殊不知这样做往往得不偿失,真正高明的人必然是顺流而行,乘势而行。

其实很多事情,我们看似无法做到,但只要你肯开动脑筋,为自己寻找一个借力点,事情就会变得大不一样。倘若你自身的实力不够,那么就有必要利用交际手腕,使自己融入一个资源群中,通过优势互补,放大自己的力量,以适当的约束和舍弃换取更有价值的利益。这就是"善假于物",它足以帮助我们更快捷地到达成功的彼岸。

---

性格是成功的第一财富。很多人总想一夜暴富,想起一堆堆白花花的银子,就高兴得站不能站、坐不能坐;但在实际的人生场上却屡遭挫败,怨天尤人。其实,任何失败都是自己造成的,尤其是被某些性格弱点所耽误。譬如过于封闭自守,就很难做到借势打开自己的实力之门,这是很值得反思的。一个人的性格有多种多样,但是怎样才能有借势而行的性格,则关系到能否成大事。记住,主动开放的性格绝对是帮助人走向成功的一种优质性格。

---

## 戒律三

# 为人需以信为先，取财不义必有报

> 中国人历来对信义看得很重，薄情寡信之人是不足以与之交往的。人一旦失一次信义，便有可能要负一世失信之名，这个代价我们绝对承受不起。胡雪岩对信义看得很重，他做生意以"戒欺"为准则，对于不义之财分文不取。他深知，做人若是在信义上有所缺失，那便等于亲手毁了自己。

### 做人无非讲个信义，童叟无欺真不二价

不讲诚信只能得一时之利，而不能得一世之利。一个生意人的信用，既要看他在某一桩具体生意运作过程中的守信程度，更要看他一贯的信

誉状况。生意人的信誉形象是由他一贯守信建立起来的。而且建立信誉形象难而破坏信誉形象易，一次的信用危机，足以使用一辈子的努力建立起来的信誉形象彻底坍塌。胡雪岩其人，无论从做人的角度还是从做生意的角度上看，都是非常讲信义的。

信用、信义是一个人立身行世之本。孟子说："人而无信，不知其可也。"一个不能仗义而行、全无诚信可言的人，一定会为众人所不齿。

不过，在一般人的眼中，商人似乎是一个例外。在我们大多数人看来，商人似乎都偷奸耍滑，都是靠着偷奸耍滑、尔虞我诈赚取钱财的，因而商人无信义可言，会不假思索地接受"无商不奸"的说法。甚至许多生意人自己也抱定这样一种看法，以为没有一副心狠手辣的肚肠，缺少几分坑蒙拐骗的伎俩，不懂一点取巧投机的技巧，就赚不来钱，至少赚不来大钱。因此，许多生意人自己也能接受"从商必奸"的说法。

在胡雪岩的经商生涯中，他经常说："做人无非是讲个信义。"其实，做生意与做人，本质上应该是一致的。一个真正成功的商人，往往也应该是一个信义之人。比如胡雪岩，就可以称得上是一个一等一的仗义守信的成功的商人，也可以说他的仗义守信，正是他能够获得比一般人大得多的成功的重要条件。

胡雪岩的仗义守信从下面几件事情上可略见一斑。

商人就要讲商业道德，其诚信乃商业道德中的大问题。商业伦理道德是商业调整内部和外部关系的行为规范的总和。它有善与恶、公与私、正义和非正义、诚实与虚伪几种道德范畴为标准。胡雪岩创办的杭州胡庆余堂之所以声名卓著，与北京的同仁堂并驾齐驱，也在于遵循"诚信为本"的商业宗旨，取信于民。

胡庆余堂创立于1874年，为讲求制药质量，专设金锅银铲炼药器具。在药堂的营业厅内挂有两块巨匾，一块朝着顾客，上书"真不二价"四字，另有一块面对柜台，上刻胡雪岩亲笔手书"戒欺"二字，旁边有一段小字："凡是贸易均著不得欺字，药业关系性命，尤为万不可欺。余存心济世，誓不以劣品巧取厚利。唯愿诸君心余之心，采办务真，修制务精，不致欺余以欺世人，是则造福冥冥，谓诸君之善为余谋也可，谓诸君之善自为谋亦可。"

这两块别出心裁的匾额既标榜了胡庆余堂的经营宗旨，又给顾客以诚实可信的印象。经过多年的发展，胡庆余堂"雪记"招牌成为货真价实的代号，深受广大顾客的信赖。

胡雪岩当初创办庆余堂，虽起于西征将士所需要的成药及药材，数量极大，向外采购不但费用甚巨，而且也不见得能够及时供应，他既负责后路粮台，当然要精打细算，自己办一家大药店，有省费、省事、方便三项好处，并没有打算赚钱，后来因为药材地道、成药灵验，营业鼎盛，大为赚钱。但盈余除了转为资本扩大规模以外，平时对贫民施药施衣，历次水旱灾荒、时疫流行，捐出大批成药，亦全由盈余上开支，胡雪岩从来没有动用过庆余堂的一文钱。

由于当初存心大公无私，物色档手的眼光自然不同。第一要诚实。庆余堂一进门就高悬着一副黑漆金字的对联："修合虽无人见，存心自有天知。"因为不诚实的人卖药，尤其是卖成药，材料欠佳，分量不足，服用了会害人。其次要心慈。医家有割股之心，卖药亦是如此，时时为病家着想，才能时时顾及药的品质。最后当然要能干，否则诚实、心慈，反而成了易于受欺吃里扒外的弱点。

这样选中的档手，不必在意东家的利润，会尽心尽力地经营事业。东家没有私心，也就引不起他的私心，加以待遇优厚，亦不必起什么私心。

由于有这些管理上的前因摆在那里，所以当胡雪岩失败之时，庆余堂未因胡雪岩的失败而影响营业，庆余堂的档手也没有借着胡雪岩的失利而趁火打劫。相反地，庆余堂的伙计们都有一致的议论：胡雪岩种下了善因，必会结得善果，他一时垮下去，但早晚会再爬起来。所以，所有店员都一如既往，正常去店里上班、维持店子的正常运营。

和胡雪岩的典当、钱庄里的档手、伙计比起来，胡雪岩在庆余堂树立了商业的良好规范，回报的是店员的一片诚心和热情。胡雪岩自身也醒悟到，商业上若没有恪守良训，必不能有长远坚实的发展。

还有一件事。胡雪岩的钱庄开业不久，接待了一位存入阜康12000两银子却既不要利息也不要存折的特殊客户。这位客户名叫罗尚德，是驻杭州绿营的千总。罗尚德是四川人，在老家时，是一个赌徒，定下婚约不提婚期，却因为好赌，前后用去岳丈家15000两银子，最后岳丈家提出只要罗尚德同意退婚，宁可不要这15000两银子。这一下刺激了罗尚德，他不仅同意退婚，并发誓做牛做马也要还上这15000两银子。罗尚德后来投军，辛辛苦苦13年熬到六品武官的位置，自己省吃俭用，积蓄了这12000两银子，如今已经接到命令要到江苏与太平军打仗，没有亲眷相托,因而拿来存入阜康钱庄。他将银子存入胡雪岩的阜康钱庄,既不要利息,也不要存折,一是因为相信阜康钱庄的信誉,他的同乡刘二经常在他面前提起胡雪岩,而且只要一提起来就赞不绝口;二来也是因为自己要上战场,生死未卜,存折带在身上也是一个麻烦。

得知这一情况,胡雪岩当即决定,第一,虽然对方不要利息,自己也仍然以3年定期存款的利息照算,3年之后来取,本息付给15000两银子;第二,虽然对方不要存折,也仍然要立一个存折,交由刘庆生代管。因为做生意一定要照规矩来。

罗尚德后来果然在战场上阵亡了。阵亡之前,他委托两位同乡将自己在阜康的存款提出,转给老家的亲戚。罗尚德的两位同乡没有任何凭据就来到阜康钱庄,办理这笔存款的转移手续,原以为会遇到一些刁难或麻烦,甚至恐怕阜康会就此赖掉这笔账。不想阜康除为了证实他们确是罗尚德的同乡,让他们请刘二出面做个证明之外,没费一点周折,就为他们办了手续。这笔存款不仅全数照付,而且还照算了利息。

这就是重信用、重信义。其实,当时罗尚德手上没有任何凭据,后来到阜康帮助罗尚德来办理这笔存款取兑手续的人,也同阜康没有一点关系,倘若否认这笔存款,当然是别无人证。这种做法虽然确实非常下作不义,但事实上在商场上也并不是没有。阜康却不肯这样做。单从这一件事上,我们也能看到胡雪岩仗义而守信用的人品。

胡雪岩的注重信义,自然不是那种侠客义士的所谓散财行义。他的重信义,归根到底还是为了他的生意,说穿了,也就是为了更多地去赚,更好地去赚。这也正好见出胡雪岩精于经商之道的一面。我们知道，商务运作中买卖双方的关系，就是一种交换关系。这种交换，本质上应该是一种互利互惠的自愿交换，只有以自愿为原则，以互利为目的，这种交换关系才能长期保持，也才会有生意的兴隆。俗话说，"信义通商"、"诚招天下客"，能以自己的信用诚实招来天下客，生意也就没有不兴隆的道理。比如阜康付出了罗尚德的那笔存款，就引来了大批的存进。两个帮罗尚德办理取兑手续的同乡回到军营讲了自己在阜康的经历，使阜康的声誉一下子就在军营中传开了。许多绿营官兵把自己的积蓄甘愿"长期无息"地存入阜康钱庄。事实上，商务运作中是最要讲究信用的，没有信用，坑蒙拐骗，偷奸耍滑，生意最终不会长久。

朝三暮四式的狡诈，最终必然失信于人。失信于人，不仅显示其人格卑贱，品行不端，而且是一种只顾眼前不顾将来，只顾短暂不顾长远的愚蠢行为，终将一事无成。

诚是一个人的根本，待人以诚，就是以信义为要。精诚所至，金石为开，诚能化万物，也就是所谓的"诚则灵"，正是说明了诚的重要性。相反，心不诚则不灵，行则不通，事则不成。一个心灵丑恶，为人虚伪的人根本无法取得人们对他的信任。所以，荀子说："天地为大矣，不诚则不能化万物；圣人为智矣，不诚则不能化万民；父子为亲矣，不诚则疏；君上为尊矣，不诚则卑。"明人朱舜水说得更直接："修身处世，一诚之外更无余事。故曰'君子诚之为贵'。自天子至于庶人，未有舍诚而能行事也；今人奈何欺世盗名矜得计哉？"所以，诚是人之所守，事之所本。只有做到内心诚而无欺的人才是能自信、信人并取信于人的人。

一个人立身处世,信用很重要,这是人的名誉的根本,是人格魅力的深层所在。但信用绝非一朝一夕便可树立。

我们常说的"君子一言,驷马难追",讲的就是人的信用。一个没有信用的人,是为人所不齿的。现在的生意场上,公司、企业做广告做宣传,树立公司、企业在公众中的形象,就是想提高公司、企业的信用度。信用度高了,人们才会相信你,和你来往,成交生意。不过,公司、企业的信用度得靠产品够佳的质量、优良的服务态度来实现,而非几句响亮的广告词,几次优惠大酬宾便可做到。人的信用也是如此。

---

吹牛皮的人,可以用自己的嘴巴将火车吹着跑。人的信用,不是靠三寸不烂之舌便可"吹"得起来的,得看实实在在的行动。说得天花乱坠,而做起来又是另一套,只会让人更厌恶、更看不起,何谈为人的信用?获得众人的信任,铸就自己的信誉,不论你采取何种方法,笃诚、守信及勤劳是最根本的要诀。

---

## 君子爱财取之有道,不义之财分文不取

"钱财乃身外之物"。它生不带来,死不带去;得之正道,所得便可

喜，用之正道，钱财便助人成就好事。如果做了守财奴，一点点小钱也看得如性命，甚至为了钱财忘了义理，为一得失不惜毁了容颜丢掉性命，那也就是为物所役，那"倒不如无此一物"了。商人爱财，无可厚非，胡雪岩也是如此，但他更重"义"，不义之财分文不取。

孔子说过，君子喻于义，小人喻于利。他认为，"义"是一个人立足于世的根本。那些道德高尚的人重义轻利，他们必然会被世人所尊敬，而那些品行低下的人则多重利轻义，这样的人一定会被世人所唾弃。

所以数千年来，仁义道德一直是国人努力遵循的行为及生活准则。"仁"与"义"二者互为表里，言语行为都符合一个"义"字，则可称之为"仁"；内心常怀仁念者，则言行必能体现出"义"。

乍一看来，似乎在孔子的思想中，"义"与"利"是相对的，其实并非如此。利即利益、富贵，客观地说，没有任何一个人会讨厌得到利益，孔子也不例外。他曾表示，如果可以求得富贵，那么即使做个车夫也无所谓。不过他又强调，一个人无论对富贵多么渴望，但必须遵循一个原则——得之于正道。

胡雪岩做生意，特别讲求要按正道取财。"君子爱财，取之有道"，这是中国流传了几千年的一句古语。这里"道"的意思，不同的人，一定会有不同的理解，但不管怎样理解，这个"道"包含着正道、正途的内涵则应该是不可否认的。只要是按规矩取财，只要得之于正道，君子也不会以爱财为耻。

"做生意还是从正路上去走最好"，这话是胡雪岩对古应春说的。

胡雪岩与庞二联手销洋庄，本来一切顺利，不想庞二在上海丝行的档手朱福年为了自己"做小货"——拿着东家的钱自己做生意,赚钱归自己,蚀本归东家——中饱私囊,从中捣鬼。为了收服朱福年,胡雪岩用了一计:他先给朱福年的户头中存入5000两银子并让收款钱庄打一个收条,然后让古应春找到朱福年,就说由于头寸紧张,自己的丝急于脱手,愿意以洋商开价的九五折卖给庞二,换句话说,也就是给朱福年五分的好处。这算是胡雪岩与朱福年之间的一桩"秘密交易"。不过,这笔"秘密交易"一定要透给庞二。

朱福年收下这5000两银子,也就掉进了一个陷阱:他如果敢于私吞这笔银子,胡雪岩可以托人将此事透给庞二,朱福年必丢饭碗;如果他老老实实将这笔钱归入丝行的账上,有这一个5000两银子的收据在手,也可以说他借东家的势力敲竹杠、吃里爬外,这样朱福年也要失去庞二的信任,总之是猪八戒照镜子,里外不是人。

胡雪岩的计策果然生效,朱福年不仅老实就范,并且退还了那5000两银子,而此时古应春也"存心不良",另外打了一张收条给他,留下了原来存银时钱庄开出的笔据原件,作为把柄。当古应春将此事告知胡雪岩时,胡雪岩对古应春说了一番话,胡雪岩说:"不必这样了。一则庞二很讲交情,必定会有话给我;二则朱福年也知道厉害了,何必砸他的饭碗。我们还是从正路上去走最好。"

从胡雪岩的话中,我们可以知道,胡雪岩所说的正路,有一层能按正常的方式,正当的渠道办就不要用"歪"招、"怪"招的意思。从某种意义上说,胡雪岩制服朱福年的办法,就是一种诱人落井、推人跳崖的十分阴狠的招数,确实有些歪门邪道的意味。在胡雪岩看来,这种招数,只是万不得已时的偶尔为之，一旦转入正常，也就不必如此了。言谈之中可以看出，胡雪岩对于自己迫不得已制服朱福年的这一招，从心里是持否定态度的。

胡雪岩所谓做生意要从正路上走最好，还有一层意思，是指做生意不能违背大原则，什么钱能赚，什么钱不能赚，要分得清楚，不能一心只想赚钱而不顾道义。

比如胡雪岩做生意并不怕冒险，他自己就说过："不冒险的生意人人会做，如何能够出头？"有的时候他甚至主张，商人求利，刀头上的血也要敢舔。但无论你如何冒险去刀头舔血，都必须想停当了再去做。有的血可以去舔，有些血就不能去舔。有一次他就给自己的钱庄档手打了一个比方："譬如一笔放款，我知道此人是个米商，借了钱去做生意。这时就要弄清楚，他的米是运到什么地方去。运到不曾失守的地方去，我可以借给他，但如果是运到'长毛'（也就是太平军）那里，这笔生意就不能做。我可以帮助朝廷，但不能帮助'长毛'。"

在胡雪岩心里，他是大清的臣民，帮助朝廷赚钱，自然是从正路赚钱，"长毛"自然是逆贼，帮助逆贼赚钱，自然不是从正路赚钱，违背了这一大原则，即使获利再大，也不能做。

不用说，经商就是为了赚钱，就是要把别人口袋里的银子"掏"到自己的腰包里来。商人图利，对于经商者来说，千来万来，赚不到钱不来，赔本买卖更不能来。不过，要光明正大地从别人口袋里"掏"来银子，而且还要能让别人心甘情愿地让你来"掏"，自然也不是一件容易办到的事，这里自然也有一些必需的技巧和诀窍，这也就是人们常说的"生财有道"。不懂得生财之道,"君子爱财"终归只能爱爱而已,绝对是取之不来的。胡雪岩精于生财之道,他注重"做"招牌、"做"面子、"做"场面、"做"信用;广罗人才,经营靠山;施财扬名,广结人缘……这些措施,就是他的生财之道,而且也确实行之有效。比如他在创办自己的药店胡庆余堂之初,策划的那几条措施:三伏酷热之时向路人散丹施药以助解暑,丹药免费但丹药小包装上都必须印上"胡庆余堂"四个字;正值朝廷花大力气平定太平天国之际,胡庆余堂开发并炮制大量避疫祛疠和治疗刀伤金创的膏丹丸散,廉价供应朝廷军队使用,用现代经营眼光来看,这些措施具有极好的扩大企业声誉、树立企业形象、提高企业知名度、开拓商品市场、建立商事信用的作用。正是靠了这些措施,胡庆余堂从开办之初就站稳了脚跟,很快成为立足江浙、辐射全国的一流药店,且历数十年而不衰。而由胡庆余堂建立起来的胡雪岩的声望、影响所形成的潜在效益,对胡雪岩的其他生意如钱庄、丝行、当铺等的经营,也起到了极好的作用。

不过,这里的"道"更应该是指取财不违背良心、不损害道义的正道。

从某种意义上说,商道其实也就是人道。经商之道,首先是做人为人之道。一跤跌进钱眼里,心中只有钱而没有人,为了钱坑蒙拐骗,伤天害理,便是奸商。奸商与奸诈无耻之徒等值,这种人钱再多,也为人们所不齿。

君子爱财,取之有道。具体来说,也就是要依靠自己的胆识、能力、智慧,依靠自己勤勉而诚实的劳动去心安理得地挣取,而不是存一份发横财的心思靠旁门左道的钻营去"诈"取。有一句俗语,说是"马无夜草不肥,人无横财不富",其实这是一种误解。真正作出大成就的成功商人都知道,商事运作是最要讲信义、信誉、信用,最要讲诚实、敬业、勤勉的。一句话,就是要于正途上勤勤恳恳去经营,生意才会长久,所得才是该得。所谓"飞来的横财不是财,带来的横祸恰是祸",说的就是这个道理。

也许正是懂得"道"的这一层含义,胡雪岩自己也特别注意尽可能从正道取财。他开药店要求成药的修合一定要货真价实,绝不能"说真方,卖假药",不能坑蒙拐骗;他与朋友合作,都是真诚相待,互利互惠,甚至宁愿自己吃亏,也绝不亏待朋友。这都能看出胡雪岩作为一个商人的人品。而且,胡雪岩经商从来不违背下面几条原则。

第一,可以为了钱"去刀头上舔血",但绝不在朝廷律令明白规定不能走的道上赚黑钱;

第二,可以捡便宜赚钱,但绝不去贪图于别人不利的便宜,绝不为了自己赚钱而去敲碎别人的饭碗;

第三,可以借助朋友的力量赚钱,但绝不能为了赚钱去做任何对不起朋友的事情;

第四,可以寻机取巧,但绝不背信弃义靠坑蒙拐骗赚昧心钱;

第五,可以将如何赚钱放在日常所有事务之首,但该施财行善、掷金买乐时也绝不吝啬,绝不做守财奴。

做人,如果控制不了自己的欲望,那么就会成为欲望的奴隶,最终要被欲望所淹没。人之求利,情理之常,但君子爱财,应取之有道,如果放纵贪念，强取豪夺，只能让人唾弃，到头来更是得不偿失。

当道义与利益发生冲突时，正是对一个人道德操守的最大考验，遗憾的是。很多人在这种考验面前，都显得不是那么合格。更有甚者，甚至完全弃道义于不顾，着实让人痛心疾首。

所谓"不义而富贵，于我如浮云"。古代圣贤在谆谆告诫后人，可以留意于物，但不能留恋于物，更不能为物所役。

那么，什么样的财不该取呢？大体应该包括下列三类。

第一类是会触犯法律的钱，如靠走私贩毒等非法手段赚来的钱，也就是我们通常所说的"黑钱"，一定是烫手的钱。赚这种黑钱于法于理不容，必将招来灾祸，受到惩罚。为身外之物冒被囚被杀的危险，无论如何不划算。

第二类是以损人利己为后果，靠坑害同行同业或蒙骗欺诈赚来的钱，这类以损害他人利益的手段赚取的钱财，本质上与前一类没有多大的区别，既违背了商场交易必须互利互惠的原则，也践踏了人自身应该遵循的基本的道德准则。而且，加害于人，必遭报应，赚这种钱也会为自己种下招祸的根由。

第三类是那种既不违法同时也有正当的理由去拿的钱，但拿了却有可能得罪同行或朋友，结怨于他人的钱。

一般来说，这三类当中，对于前两类，人们比较容易从理性上看得很清楚，而且大多数人也能明确知道并尽可能约束自己按规则办事。但对于第三类，人们则常常不能看得很清楚，有时即使看清楚了，常常也很难主动放弃。应该说这是可以理解的。一方面，这类钱的获取并不涉及法律问题，也不是直接以不正当手段损害他人。另一方面，商人图利，而且应该图利，一个优秀的商人在别人看来赚不到钱的地方都要设法挖出银子来，何况有现成的钱好赚，且还有赚这"现成"钱的正当理由呢？

这确实需要有能够设身处地、将心比心、为他人着想的自觉意识。胡雪岩就是一个极能为别人着想的人。王有龄因筹解漕米有功，很快由海运局坐办改升署理湖州府。当时官场有不成文的规矩，一方官员和地方士绅逢年过节都必须给主官备送节敬。王有龄改升署理湖州府正在端午前，他如能赶在五月初一上任，五月初五必有一笔不菲的节敬好拿。拿这笔钱于情于理实在也无大碍。但胡雪岩认为不可。他的理由有两条：一，节敬只此一份，前任已署理好些日子，该当他得，为他着想，不能去抢了他的好处；二，往深一层说，抢别人的好处必定得罪对方，结下怨恨。"铜钱银子用得完，得罪一个人要想补救就不容易了"。

诚然，欲望，人皆有之，而事实上欲望本身也并非都不好，可欲望一旦过了度，就会变成贪欲，人也随之成了欲望的奴隶。锁住欲望，就是锁住了贪婪！贪婪是灾祸的根源。过分的贪婪与吝啬，只会让人渐渐地失去信任、友谊、亲情等；物欲太盛造成灵魂变态，精神上永无快乐，永无宁静，只能给人生带来无限的烦恼和痛苦。

所以，每个人都要懂得控制自己的欲望，善待财富，切忌吝啬与贪婪；还要自由地驾驭外物，将钱财用之于正道，凭借自己的才能智慧赚取钱财，去助人成就好事。

"利"与"义"本身并不冲突,关键是我们以怎样一种方式去得到利益,倘若摆在我们眼前的利益是符合"义"的,那么尽管去取便是;倘若这利益不符合"义"字,那么就不要被它所诱惑,而应毫不犹豫地远离它。做生意虽然是为了赚钱,但赚什么样的钱以及赚钱后果也确实不能不谨慎考虑。烫手的钱即使再多也不能要,这个原则任何一个生意人都应该记取。

## 戒律四

# 知人善任是本事,荒废人才是废材

> 水能载舟,亦能覆舟。古往今来,每个成功者无一不是打"人字牌"的高手。胡雪岩也不例外,他本事再大也要有人捧。事实上,在胡雪岩走向"红顶商人"这一人生制高点的过程中,倘若没有王有龄、左宗棠、古应春、尤五、郁四、刘庆生等人的帮助与照应,他真的是"天大的本事也无用"。

## 工作之中适当放手,疑人不用用人不疑

"有了天才不用,天才一定会衰退的,而且会在慢性的腐朽中归于消灭"。人才是难得也难知的,有了人才而不能尽其用,是领导者的失

职。埋没人才不仅是对人才的伤害，对于企业而言更是一种莫大的损失。胡雪岩用人，只要肯用，就不怀疑；如果怀疑，一定不用。这一点，很值得现代管理者学习。

商场如战场，竞争激烈，危机四伏，机遇稍纵即逝。如果不能及时抓住机遇，事后悔之晚矣。从商务运作的角度看，放手让自己的帮手做主办事，其实是十分必要的。商场如战场，竞争激烈且瞬息万变，所有的机遇几乎都是稍纵即逝。因此，搏战于商场之上，就必须牢牢把握一个又一个的机遇。不能及时抓住机遇，要想获得成功，几乎是不可能的。不用说，要抓住机遇，既要有敏锐的眼光和准确的判断，更要有果断的决策和迅速的行动。而要做到果断决策、迅速行动也并非易事，它不仅要求决策者具有如此的素质，许多时候更需要那些手下人有敢于任事、创造性地开展具体事务运作的能力。一个简单的事实就是，如果那些伙计们光知道事事看老板的脸色，等着老板的指令来运作，而不能放开手脚发挥自己的能量，当老板的不仅会在事事躬亲的繁忙中累垮，而且必定会因为办事者的犹豫延误，放过许多不可再来的机会。

而就识人用人而言，放心放手，实际上也是延揽人才、使对方诚心办事，且充分发挥自己的能力将事情办得圆满的一个重要前提。生意场上，老板和雇员的关系，当然是"东家"和"伙计"的关系。伙计的主要职责，就是圆满完成东家交给的任务。但这种雇佣和被雇佣的关系，并不意味着仅仅只是发号施令与遵守服从的关系。伙计只有具备条件能够充分发挥出自己的才干，才可以真正达到用人的目的。不用说，如果用而不能放手，被用的人总是处于一种被动地位，他的能量也就没有办

## 戒律四　知人善任是本事，荒废人才是废材

法得以发挥，事实上他也不敢让自己的能量充分发挥。更重要的是，人都需要有一种成就感，即使被雇佣时也不例外。而且，越是有能力的人，越是希望能够尽量发挥自己的才干，使自己能够在一种成就感中获得某种心理满足。这样的人，如果不能放心放手地使用，以至于让他总觉得自己没有一点能够显示自己能力的主动性，使他觉得自己根本就无法真正发挥自己的作用，要想留住他诚心为自己办事，事实上也是不可能的。

是人才，往往都追求自身价值的实现。因此，放手用人，允许犯错误，使人才得到真正的锻炼，这是成功的商界中人必须遵循的规则。

胡雪岩作为一名在市场的风险与竞争中谋求发展的商人，他需要人才，也离不开人才的使用。事实上，胡雪岩特别善于调动自己手下人才的积极性，尽可能让他们发挥自己的能量。用他自己的话说，他在用人上，确实有许多奇计，而这"奇计"之一，就是对下属不起疑心，给予充分信任，放手使用。

一般来说，除非是那些必须他拿主意的关系生意前途的重大决策，在一些具体的生意事务的运作上，胡雪岩总是放手让手下去做，绝不随意干预。在阜康钱庄开办之初，当他认定自己延聘的钱庄档手刘庆生可以料理生意事务之后，也几乎是完全放手让他去做。他只是规定了几条大的原则，诸如只要是帮朝廷的忙，即使亏本的生意也可以做；放款要看对象，等等。其他的事情，则全部由刘庆生自己做主，具体事务放手让他去做，绝不随意干预。刘庆生果断认销20000两官票就是一例。官票是朝廷新发行的纸钞，目的是购粮征饷镇压太平天国。官票的发行可能造成通货膨胀，使自身贬值。但朝廷、衙门强行向杭州各钱庄派销价

值25万两银子的官票。包括33家小同行、阜康在内的9家大同行在一起议论此事，各钱庄纷纷叫苦、推诿，不满意于先缴6成现款、其余4成两个月后缴清的派销条件，主张用多少、缴多少。而刘庆生此前已与胡雪岩谈过关于官票的事情，胡雪岩没有明确表示态度，但告诉了他自己做生意的一个宗旨，即只要能帮朝廷的忙，即使赔本买卖也做。有这一个宗旨，刘庆生也就放开了，首先主动为阜康钱庄认销价值20000两的官票。这一行动，使阜康这块招牌在官厅、同行中，立刻就很响亮了。胡雪岩得知也极是高兴，觉得自己完全可以将钱庄的生意交给刘庆生了。这就是他用人不疑的结果。

不仅如此，至于生丝销洋庄的生意，他也差不多将找买主、谈价钱、签协约等一揽子事务都交给了古应春，而自己则把精力投入刚刚开始的军火生意上。正是在第一桩生丝生意紧张运作的时候，他却抽出时间到湖州为郁四解决家事。

阿珠的父亲张船夫本靠出租自己的小船维持生计，胡雪岩出资让他当了老板，派他到湖州开丝行。张船夫一家先行到了湖州，但他老实本分，到了湖州后打不开局面，还住在一个较偏僻的狭小深巷中，房子也很小。胡雪岩要他搬家，他却考虑到搬家的麻烦，需要时日，一时下不了决心。胡雪岩用生意人的眼光对张船夫进行开导：只要丝行开张，他们就有进账，因此要勤要快，同时不要怕出错，有他胡雪岩在就不会错到哪里去。这话既是对张船夫的鼓励，让他放开手去干，言辞间也透露出他的自信。胡雪岩的话是有着实在的道理的：他胡雪岩善于把握大局、掌握大的方向。大的方向正确了，在个别环节和小的细节上出了问题，尚不至于影响全局。这么说来，就应该大胆地行动，绝不能瞻前顾后、左顾右盼、事事观望请示，不然轻则错过时机，重则影响全局，反而是犯了不错之错。

在胡雪岩所处的时代，他已懂得调动人的主观能动性的必要性；而在现代社会，现代人更加重视自身价值的实现。对人才的充分信任与尊重，比直接的物质奖励更加有价值。同时，信息的瞬息万变也决定了下属独立决策的必要性。因此，能否对手下员工做到放手使用、用人不疑，是今天的老板们能否得到才智之士的重要因素。

很多管理者常感叹自己的压力太大，没有人可以为自己分担。其实，造成这种局面的很大因素是他们不懂得放权。试想，一个领导者不信任自己的下属，处处猜忌，予以控制，被任用的人又怎会放开手脚去工作，又怎么会热情高涨地去完成工作。当下属感觉不到上级的信任时，他很难对领导者保持忠诚，多半不会尽心尽力办事。

"用他，就要信任他；不信任他，就不要用他。这样才能让下属全力以赴"。用人固然有技巧，但最重要的就是要用人不疑，疑人不用。通常受上司信任、能放手做事的人，都会有较强的责任感，所以无论上司交代什么任务，都会全力以赴去完成。

然而，很多领导者在交代下属做事时，总会存着许多疑虑，譬如"这么重要的事情交给他一个人去处理，能负担起来吗？"或者"像这种敏感度很高，需要保密的事，会不会泄露出去呢？"管理者通常会有这种微妙的矛盾心理。

而更微妙的是，当上司以怀疑的眼光去对待员工时，就好像戴着有色的眼镜，一定会有所偏差，一件很平常的事也会变得疑虑丛生。相反，以坦诚的态度面对员工，就会发现对方有很多可靠的长处。信任与怀疑之间，就有这么大的差别。

总之，只有对所用之人予以充分的信任，并让其感受到自己对他的这种信任，才能激发其积极性和创造性，从而才能达到获取最大人才效益的目的。

---

事实上任何一位管理者，在使用人才的过程中，很少能够做到真正的不疑，因为人心是复杂的，防范心理也是必要的。但用人不疑还是有它的用武之地的，正如我们上面反复强调的，它可以显示出管理者对下属的信任，从而提高其工作的热情。因此，管理者在这个问题上，完全可以将"用人不疑"虚实结合。你不一定非要做到不疑不可，只需要想办法做做表面上的文章。比如，让他知道你不听信谗言、不乱生怀疑，让他本人和周围的人觉得你"用人不疑"，这样也能发挥信任的"攻心"功能。

---

## 是什么人干什么事，避其所短用其所长

唯有知人才能善任，如果不能对人才的特点了然于心，管理者在用人时就很可能会"乱点鸳鸯谱"。譬如，让秀才去喂牛、让铁匠去教书等，

这显然是对人才的一种极大浪费！不知人而乱用人，受到伤害的不只是人才，损失更大的恰恰是企业自身。胡雪岩心很细，眼睛很毒，他总是知道该用什么人做什么事。

俗语有云"好钢用在刀刃上"，又说"骏马能历险，犁田不如牛；坚车能载重，渡河不如舟"。它们所表达的意思就是适当的人和物要用在适当的地方，即企业管理上常说的"人岗匹配"。也就是说，管理者在用人之时，一定要注意用其所长，避其所短，用人就用其最优秀的部分，这样才能实现企业效益的最大化。

国内的管理方式来自溶化在我们血液里的文化，中国人传统的思维方式的主体是改正缺点、日臻完善。但是人无完人，作为管理者、员工，我们自己又何尝不是各有长短？

用人所长，才能见工作效益。有些蹩脚的老板不善于抓住员工的特长，只是会让他们像个机器一样工作，岂能产生工作效益。胡雪岩善于用人之长，并以此激发下属的活力。

胡雪岩和古应春一见如故。古应春是怡和洋行在华从事经营活动的早期代理。在洋场混久了，古应春对外国典章制度、工业农业等方面了如指掌，对于外国人的经商方式、行为特点也都熟知。胡雪岩能得此人之助，和洋人打交道就不至于盲人摸象、一叶障目了。胡雪岩自己不知道的事，古应春知道。借洋款时，多少钱的利息、什么时间还、以何种方式还，通过古应春，都可有个大致不差的判断。所以洋人就不大有可能提出过于悬殊的条件，胡雪岩也不至于蒙着头吃亏。西洋诸国的国内生产情况时有变化，古应春有足够多的朋友、足够多的渠道及时了解到

各国经济起伏,有了这层了解,在西洋人硬撑着不收蚕丝时,胡雪岩已事先知道西洋各国这一两年受灾,本土的蚕丝供应大减,除非他们自己愿意丝织厂关闭,否则他们必须接受胡雪岩这方面的条件,按胡雪岩的开价收购茧丝。正是由于胡雪岩有了古应春这样的好帮手,才能垄断中国上海洋场的丝业贸易长达二十几年而不衰。

在与何桂清打交道时,胡雪岩就发现,他自己对官场上的事,能够清楚了解的仅至府县,省里的事仅能猜出几分,至于说官的各种缺分,他就更茫然无知了。不知道京官的品秩,就无办法参与出谋献策,更不用讲借此谋取厚利了。有过这种抱憾的经历,胡雪岩就格外着意接近各种人物,比如饱读诗书的嵇鹤龄,宫中行走的小军机徐用仪,户部尚书的弟弟宝森等。和他们交往,胡雪岩了解了不少官场知识。这些官场知识,既包括死的知识,比如官阶排列顺序,见面必守的规矩,也包括活的知识,比如理当某官执首而宫中实宠某人,由于各官性情不同而宫中有所调整等。对胡雪岩而言,需要的就是这些零碎的官场知识。左宗棠平定西北回乱而调入军机,曾商议再借洋款,适逢东宫太后崩,按规矩要停议,但是胡雪岩事先已经从徐用仪那里了解到,此次东宫仙逝,实属西宫下毒手,既然如此,表面上的礼节固然要考虑到,稍有越矩之事也不会过于深究。这样看来,借款之事倒不必因为这个意外而停下来。况且,左宗棠平定西北,威震海内外,朝廷正不知以何作为酬谢,稍有擅专,自然也不至于引起龙颜不悦。有了这些了解,胡雪岩就不必有任何负担,可以一心一意地去办借款了。

至于解读官书,胡雪岩更是外行。而且分析官场荣衰,目的是要帮

## 戒律四 知人善任是本事，荒废人才是废材

助自己下定做各种生意的决心。事属隐秘，就不便聘个文书帮忙。所以胡雪岩培养了几个亲密至好，一个是浙江道台德馨，一个是古应春，一个是尤七姐。有了内圈人物，而且是懂规矩、善揣测的内场人物，胡雪岩就很少失误，把他苦心经营所做成的官势、商势发挥得淋漓尽致。洋人帮助小刀会，引起两江督抚的震怒。胡雪岩提早得到消息，知道督抚联名上折，要朝廷关闭丝茶市场，惩戒洋人。消息知道得早，而且是从秘密渠道揣摩而得，就既准确而又鲜为人知。凭着这一判断，胡雪岩第一次放胆囤丝、扛价不卖，直到洋人出高价求售，获利甚丰。胡雪岩通过这些朋友，把官场的消息转化成了商场的利润。后来在胡雪岩生意失败、钱庄崩溃时，凭着尤七姐对官方的分析，胡雪岩知道事情尚有转机，所以才能有条不紊地着手收拾残局，为时人称道："在落魄之中，气概光明，曾未少贬抑。"我们不便假定在没有正确分析官方态度时胡雪岩可能采用的处理方式，但有一点可以肯定，因为有了预先估计，胡雪岩的行为更为从容了。

胡雪岩深知"公关"的重要性。跟对方的关系搞得密切亲近，合作的生意会做得很顺利；与对方关系陌生疏远，稳赚不赔的生意也难以做成。这种关系是建立在双方的感情、了解、信誉、实力基础之上的。胡雪岩善用"公关"，就是意在与官僚商贾的吃喝玩乐、交往应酬中，使对方玩得愉快尽兴，消除对自己的陌生感，建立起对他的信任感，从而为合作的真实目的铺平道路。对公关人才的使用，既显示出胡雪岩对人情世故的洞悉，也说明他在人员安排上的各尽其才。

只可惜，一部分差劲的管理者并不明白"有其短必有其长，不可以

短掩长"的道理,他们往往只注意某一个侧面,而这一侧面又正好是人才的缺点或短处,于是就武断地下结论,那么,这种识才的方式是非常危险的,大批人才将被抛弃和扼杀。孔雀开屏是美丽的,倘若一个人不看孔雀那美丽的羽毛,只看到孔雀开屏露出的屁股,就武断地认为孔雀是丑陋的,那就实在是有失公允了。

古有孟尝君养兵千日,用兵一时,他在收罗人才时巧用"使人犹使器也"的智谋思想,把缺点十分明显的"鸡鸣狗盗"之徒也网罗室中,结果总是绝处逢生,逢凶化吉。

现实生活中,有的人,甚至居于高位的人,总是一方面抱怨没有人才,一方面却在抛弃和埋没人才。殊不知,说不定那些被认为不是"人才"的人当中,正有对他能起重大作用的人。

毋庸置疑,一个人的能力再全面,也会有其所不能;一个人无论多么平庸,也总会有其特长。身为管理者,在用人的问题上应该明白,用人才是要用人之长,而非用人之短。各种人才各有各的用处,把他们都放到相应的岗位上,各种人才相互配合,则能形成一种最佳的企业整体经济效应。

取其长而避其短,为的是识人所长。识人的目的是用人,因此,着眼点就应放在一个人的长处上,注意力集中在一个人的优点上。正如管理专家克拉克所说:"一个聪明的管理干部审查候选人决不会首先看他的缺点,至关紧要的是,要看他完成特殊任务的能力。"

所以,管理者要把目光从客户转移到自己的员工身上,把目光从员工的缺点转移到员工的优点上,给他创造一个更好的工作氛围和环境,真正地从内心关心他们、爱他们、包容他们,帮助他们用最擅长的方式去更好地投入工作中。

能不能用他们所长、容他们所短,这是对管理者最大的考验。

---

人各有所长,亦各有所短,只要能扬长避短,天下便无不可用之人。从这个意义上讲,管理干部的识人、用人之道,关键在于先看其长,后看其短。若先看一个人的长处,就能使其充分施展才能,实现他的价值;若先看一个人的短处,长处和优势就容易被掩盖和忽视。因此,看人应首先看他能胜任什么工作,而不应千方百计挑其毛病。

---

## 戒律五

# 和气才能生旺财，驱虎入巷易被噬

> 中国人常说"和气生财"，"和"才能万事兴盛，"人和"的作用更在"天时"、"地利"之上。胡雪岩是个商人，求的是利益，但他能做到与人为善，不与同行争利，又能留路与人走，这一点着实难得。

### 有竞争亦不是冤家，与人为善尽释前嫌

同行是冤家——这属于典型的小农经济思想！在社会生活中，有利益就会产生竞争，有竞争就会产生对手，有对手必然要分出个高下。面对竞争，我们应将目光放远一些，以平常心对待，就能够从与对手的敌

对心理中解脱出来。胡雪岩一向奉行"冤家宜解不宜结"的处世之道，他总是笑着对待自己的对手。

俗话说"同行是冤家，同事是对手"，其实这种说法并不完全正确，因为人与人之间不但有竞争，还有合作。

坐在一起的同行们常常侃大山，云山雾罩，欢声笑语，气氛可说十分融洽。可谁知，在这种氛围背后，却会阴霾密布。因为是同行，因为有共同的利益追求，他们之间就存在竞争。存在竞争就容易让人丧失正常的心态，于是笑里藏刀、绵里藏针、排挤迫害等等招数便纷纷登场，因为"同行是冤家，同事是对手"。

所以，很多人一遇到自己的对手，就虎着个脸，让人一看，就可知其中的"小九九儿"。实际上，这是不成熟的表现，真正的聪明人总是笑对自己的对手。

一般来讲，一个生意人很难笑对竞争对手。可胡雪岩却能做到，因为在他看来，没有永远的朋友，也没有永远的敌人，只有永远的利益。生意场上竞争，总免不了构成敌对关系，胡雪岩总是笑对竞争对手，千方百计化敌为友。

胡氏在生意上虽然历经波折，但终究是有莫大的成就。这不但靠他自己的能力，也靠朋友的支持，甚至是势不两立的敌人也有向他伸出援助之手的时候。

与胡氏势不两立的，大都是生意上的对头。一般商人遇到这种事，总是想："既然大家都过独木桥，对不起，我只有想办法把你挤下去了。"然而胡雪岩不这样想："既然是过独木桥，都很危险，纵然我把你挤下去，

谁能担保你不能湿淋淋地爬起来,又来挤我呢?冤冤相报,何时是个头?既然大家图的是利,那么就在利上解决吧。"

事实上,人与人之间的竞争应该是明刀明枪,因为竞争过后可能还要继续合作。做人不能太拔尖,更不宜与人争名夺利。当事业有成时,要与人谦让一些。为了一些蝇头小利争来夺去,把属于别人的东西夺来归于自己名下,是不会有人愿意与你合作、相处的。你以后的发展也好不到哪里去了。

同行不幸成为"冤家",同事成为"对手",就是因为同行、同事之间存在着竞争。往往有这样的情形,同事之间还不甚了解,尤其是刚到一单位的同事之间,他们对单位、工作都感到陌生。这时,同样的安全需要、同样的地位、相同的境况使他们可以成为好朋友。但过了若干年后,你会发现情况出现了变化,人与人之间的差别出现了,他们便不再推心置腹、无话不谈,出现了隔阂。为什么会这样呢?究根寻底,只有两个字在作怪:竞争。

说到这里,我们不禁要问:"难道竞争就非得让友情走开?"

基于此,要处理好与对手的关系,就必须正确认识竞争、正确对待竞争。

在现代社会中,竞争的存在是不可避免的。譬如职场,每个单位都有晋升、提薪的机会,而在众多的同资同级人中,晋升谁、提谁的薪,或者说谁能提级提薪,就全靠个人表现,这便出现了竞争。每个人都有争强好胜之心,竞争本身又有利于促进每个人的成长,有利于个人抱负的实现。

但是，存在竞争，不是不择手段存在的理由，竞争应该是正当的，而不应该把对手理解为"对头"。竞争对手强于自己，要有正确的心态。著名数学家华罗庚说过："下棋找高手，弄斧到班门，这是我一生的主张。只有在能者面前不怕暴露自己的弱点，才能不断进步。"因此，人与人之间的竞争要以共同提高、互勉共进为目的，以积极的竞争心态投入竞争当中去。

竞争总是要分胜负的，就看你能否正确地对待胜与负这两种结果了。有人在竞争中不择手段，就是无法正视结果，不能认清这样一个道理：竞争中每个人都是平等的，有成功者，就有失败者，胜要胜得光明磊落，输要输个坦坦然然。人与人之间的竞争，胜负只说明过去。他胜了，你向他祝贺，你要从中找出自己身上存在的缺陷和不足，以利于你以后的发展。同事之间的竞争，竞争中是对手，工作中是同事，生活中是朋友。竞争后，胜者不必得意忘形，输者不必垂头丧气。

要想做到这一点，就需要把名利看得淡一些。孟子说："养心莫善寡欲；其为人也寡欲，虽有不存焉者寡矣。其为人也多欲，虽有存焉者寡矣。"意思是说，人修心养性最好的办法就是减少欲望。欲望很少的人，就是得到的不多也不觉得少；欲望很多的人，就是已经得到了很多仍然觉得少。

"知足者常乐"，谁不想得到更多呢？但现实中不可能每个人都能得到，于是就有了竞争。竞争总有失败者，何必那么在意结果而沮丧呢？又何必为了此名此利而不择手段，费尽心机呢？既然没能获得，还可以退而修身长智，下次再争取嘛。法国启蒙思想家卢梭有一句名言："人啊，把你的生活限制于你的能力,你就不会再痛苦了。"说的就非常有道理。

---

人与人之间既有竞争,又有合作,既要搞好团结协作,又要谨慎小心地守住自己的发展领域,在竞争与合作中寻求一种平衡。人与人之间应当是互相尊重的对手,而不是冤家对头。只有理清了这一点,你才能与他人和平共处,你才能在通往成功的道路上昂首阔步。

---

## 做事常留三分余地,成人之美和气生财

为芥末小事、为一己私利,针锋相对、大动干戈、剑拔弩张、水火不容,其结果往往两败俱伤,何苦来哉?所谓和气生财,胡雪岩在做事时讲究个"和气",乐于留人一线生路。出于这种超人的度量,他才能不与人结怨,反收人心。可以说,在胡雪岩成功的过程中,气量绝对是一个不可或缺的因素。

有人无理也要争三分,得理绝对不饶人;有人得理也会让三分,驱虎绝不入死巷。前者好争好战,往往是生活中的不安定因素,后者君子风度,自有一种天然向心力。其实,争强好胜者未必就能掌握真理,而胸怀大度的人,越是自己有理,越表现得豁达,于是他们总是深得人心。

尤其是对生意人而言,做人不能太绝,做事不能太狠,让人一活路,

## 戒律五　和气才能生旺财，驱虎入巷易被噬

才能留己一财路。待人处事，得理也要让人。正所谓"兔子急了也咬人"，聪明人绝不会做逼虎跳墙之事，他们深知"穷寇莫追"，所以在待人处事中多会留给别人一条活路，当然自己也就多了一条路走。红顶商人胡雪岩就是这样的一个男人，他即使完全有理由、有能力将对手置之于死地，也绝不把事情做绝。

胡雪岩到苏州，到永兴盛钱庄兑换20个元宝急用。这家钱庄不仅不给他及时兑换，还平白诬指阜康银票没有信用，使他很受了一点气。

这永兴盛钱庄本来就来路不正。原来的老板节俭起家，干了半辈子才创下这份家业，但40出头就病死了，留下一妻一女。现在钱庄的档手是实际上的老板，他在东家死后骗取那寡妇孤女的信任，人财两得，实际上已经霸占了这家钱庄。永兴盛的经营也有问题，他们贪图重利，只有10万银子的本钱，却放出20多万的银票，已经岌岌可危了。

胡雪岩在这家钱庄无端受气，自然想狠狠整它一下，起先他想借用京中"四大恒"排挤义源票号的办法。京中票号，最大的有四家，招牌中都有一个"恒"字，称为"四大恒"，行大欺客，也欺同行。义源本来后起，但由于生意灵活随和，信用又好，而且专跟市井细民打交道，名声一下子做得很盛，连官场中都知道了它的信誉，因此生意蒸蒸日上。"四大恒"同行相妒，想打击义源，于是出了一手"黑"招。他们暗中收存义源开出的银票，又放出谣言说是义源面临倒闭，终于造成挤兑风潮。

胡雪岩仿照这种办法，实际上可以比当年"四大恒"排挤义源时做起来更方便也更狠。浙江与江苏有公款往来，胡雪岩可以凭自己的影响，将海运局分摊的公款、湖州联防的军需款项、浙江解缴江苏的协饷几笔

款子合起来，换成永兴盛的银票，直接交江苏藩司和粮台，由官府直接找永兴盛兑现，这样一来，永兴盛不倒也得倒了，而且这一招借刀杀人，一点痕迹都不留。

不过，胡雪岩最终还是放了永兴盛一马，没有去实施他的报复计划。他放弃计划，有两个考虑，一个考虑是这一手实在太辣太狠，一招既出，永兴盛绝对没有一点生路。另一个考虑则是这样做法，很可能只是徒然搞垮永兴盛，自己却劳而无功。这样一种损人不利己的事情，胡雪岩也不愿意做。

从这件事情中，我们确实可以看到胡雪岩为人宽仁的一面。说起来这永兴盛既来路不正又经营不善，实际上是一个强撑住门面唬人的乱摊子，即使将它一击倒地，大约也不会有多少人同情，可能还为钱庄同业清除了一匹害群之马。即使是这样，胡雪岩还是下不得手去，足见他所说的"将来总有见面的日子，要留下余地，为人不可太绝"，并不是口头上说说而已，而确确实实是这样去做的，这其实可以看作是胡雪岩的一条为人准则。

这其中自然有胡雪岩对于自我利益的考虑在起作用，所谓将来总有见面的机会，事情做得留有余地，也就为将来见面留有了余地。事实上，对于生意人来说，这样考虑也是十分必要的。生意场上，没有永远的朋友，也没有永远的敌人，无论竞争多么激烈的对手，竞争过后都会有联合的可能。因此，竞争总是存在，而"见面"的机会也总是存在的。俗话说"给人一活路，给己一财路"，从商者都应该把目光放远一些。

其实胡雪岩早在出道的时候，就显示出这种气度。王有龄用胡雪岩资助的500两银子捐官成功后，回到杭州，得知胡雪岩为此丢了饭碗，落泊不堪，他当时就要还上信和钱庄的500两银子，为胡雪岩洗刷恶名。他弄清了借据的内容，利息算法，立即就在海运局支出600两银子，要去了结这笔账。他穿上官服，吩咐跟班备轿，让人准备鸣锣喝道，要和胡雪岩一同前往。按他的想法，自然是要以自己的威风，为胡雪岩扬一扬名，顺便也替他出一口恶气。

但胡雪岩却拒绝了。他并没有得理不饶人，而是设身处地地为别人着想。他不去的理由很简单，信和钱庄的"大伙"就是当初将他开除出信和的张胖子。如果此时他和王有龄一同前往，势必让张胖子非常尴尬，大失面子。而如此张扬出去，传扬开来，张胖子在同行、在东家面前的面子也没有了。这是胡雪岩不愿意看到的事情。他不仅不与王有龄同去，而且还叮嘱王有龄捧信和几句，也不要告诉他们已经见到了胡雪岩。这使王有龄对胡雪岩的做法不禁暗叹道："此人居心仁厚，至少手段漂亮。换了另一个人，像这样可以扬眉吐气的机会，岂肯轻易放弃？而他居然愿意委屈自己，保全别人的面子，好宽的度量！"

王有龄理解了胡雪岩的用心，单独去还这笔借款时，也做得漂亮。他特意换上便服，也不要鸣锣开道，且将官轿换成一顶小轿到了信和。由于信和当初就将这笔500两银子的款子当作一笔收不回来的死账，因此他们也没把胡雪岩代王有龄写的借据当一回事，不知随便扔到哪里去了，此时王有龄来还钱，居然遍找不到。当钱庄张胖子将此情况据实相告之后，王有龄不仅没有为难他，而且二话没说，拿出该还的连本带息550两银子，只要求对方写一个已经还清的收据，至于原来的借据，以后找到，销毁就是了。

这一出了清旧账的戏确实"演"得漂亮。正像王有龄所想的那样，胡雪岩本来就受了冤枉，不仅为此丢了面子，而且丢了饭碗，以至于落魄潦倒到给人打零工维持生计。现在终于可以为自己洗刷恶名，换上一个人，大约真的不会白白放过这次为自己挣回面子、让自己扬眉吐气一回的机会。但胡雪岩首先想到的，却是如何保全别人的面子，难怪王有龄会打心眼里佩服他："好宽的度量！"

在对待吃里爬外的朱福年时，胡雪岩还是牢牢记住"饶人一条路，伤人一堵墙"的道理，使这件事处理得也极为漂亮。

与人较劲会有两种结果：一是你打败了对手，自己独享天下，但是总有更多的潜在对手存在；二是你被人打败了，自己的所有成果被吞食殆尽，这样你就是一个可怜虫！胡雪岩的商德之所以为人称道，很重要的一条，就是把同行的情看得高于眼前利益，在面对你死我活的激烈竞争时，做到了一般商人难以做到的：自己做自己的，不与同行较劲。

胡雪岩做生意，人缘放在第一位。"人缘"，对内指员工对企业忠心耿耿，一心不二；对外指同行间相互扶持、相互体贴。

如开阜康钱庄时，为了消除信和钱庄的疑虑，他声明：自己的钱庄将不会挤占信和钱庄的生意，而是另外新辟门路，浙江海运局的钱款往来仍按原来约定的由信和钱庄经营。这样一来，信和钱庄不是多了一个对手，而是多了一个伙伴，自然疑虑顿消，转而真心实意支持阜康钱庄。在胡雪岩以后的经商生涯中，信和给了他很大的帮助，这还要归功于他当初没有抢了信和生意的那份情谊。

## 戒律五　和气才能生旺财，驱虎入巷易被噬

甚至对于利润极丰的军火生意，胡雪岩也注意宁可抛却银子也不得罪同行的准则。军火生意利润不薄，但风险也特别大，要想吃这碗"军火"饭也不是一件容易的事。胡雪岩凭借他已有的商业基础，依靠他在漕帮的势力，很快在军火生意上走上了正道，着实做了几笔大生意。这样，他在军火界也成了一个有头面的人物。

一次，胡雪岩打听到一个消息，说外商又运进一批先进、精良的军火。消息马上得到进一步的确定，胡雪岩知道这又是一笔好生意，做成一定大有赚头。他立即找外商联系，凭借他老到的经验、高明的手腕以及他在军火界的信誉和声望，很快就把这批军火生意搞定。

正当春风得意之时，他听商界的朋友说，有人在指责他做生意不仁道。原来此前外商已把这批军火以低于胡雪岩出的价格，拟定卖给军火界的另一位同行，只是在那位同行还没有付款取货时，就又被胡雪岩以较高的价格买走，使那位同行丧失了赚钱的好机会。

胡雪岩听说这事后，对自己的贸然行事感到惭愧。他随即找来那位同行，商量如何处理这事。那位同行知道胡雪岩在军火界的影响，怕胡雪岩在以后的生意中与自己为难，所以就不好开列条件，只好推说这笔生意既然让胡老板做成了就算了，只希望以后留碗饭给他们吃。

事情似乎就可以这么轻易地解决了，但胡雪岩不然，他主动要求那位同行把这批军火"卖"给他，同样以外商的价格，这样那位同行就吃个差价，而不需出钱，更不用担风险。事情一谈妥，胡雪岩马上把差价补贴给了那位同行。那位同行甚为佩服胡雪岩的商业道德。

如此协商一举三得，胡雪岩照样做成了这笔好买卖，没有得罪那位

同行,博得了那位同行衷心的好感,在同业中声誉更高。这种通达的手腕日益巩固着他在商界的地位,成为他在商界纵横驰骋的法宝。

不抢人之美,是胡雪岩圆融的处世方式的具体体现。他一直恪守这一准则,不仅在商业上,在政治上也是如此。

胡雪岩在外经商多时,尽管自己不愿意做官,但和场面上人物来往,身上没有功名,显得身份低微,才买个顶戴。后来王有龄身兼三大职务,顾不了杭州城里的海运局,正好胡雪岩捐官成功,王有龄就说要委任胡雪岩为海运局委员,等于王有龄在海运局的代理人。

对此,胡雪岩以为不可。他的道理也很简单,但一般人就是办不到,其中关键,在于胡雪岩会退一步为别人着想。胡雪岩直告王有龄,海运局里有个周委员,资格老、辈分高,如果王有龄卸任,应由周委员替代才是,如果贸然让胡雪岩坐上这个位子,等于抢了周委员应得的好处。反正周委员已经被他收服,如果由周某代理当家,凡事还是会与胡雪岩商量,等于还是胡雪岩幕后代理,既然如此,就应该把代理职位赏给周委员。

这样一来,胡雪岩避免了将周委员的好处抢去,也避免了为自己树敌。所以说,他的"舍",实在是极有眼光、有远见。

然而,在日常生活及其工作中,有不少人往往为了非原则问题、小皮毛问题争得不亦乐乎,谁也不肯屈居下风,有时说着论着就较起真来,以至于非得决一雌雄才算罢休,结果闹个不欢而散、鸡飞狗跳,严重时甚至大打出手,这是极不可取的。那么当自己遇到与人发生矛盾冲突时,究竟应该怎样做呢?糊涂哲学告诉我们:必须"得饶人处且饶人",既不要因为不值当的小事去得罪别人,更要能以一种豁达的心胸,以君子般的坦然姿态原谅别人的过错。

有时候，衡量事情成败的标志不在于向人逞强，而在于示弱，例如一个"饶"字，实在是隐含了太多的做人和经商道理。胡雪岩在经商过程中，非常注重"面子"的作用。同样，他也十分注意维护别人的面子。一个人的信誉破坏了，对大家都不利。所以他坚持"得饶人处且饶人"。

在现实生活中，我们每天都面临着各种各样的竞争。有些竞争是必须的，而有些竞争则完全没有必要针锋相对。权衡利弊，对于那些不必要的竞争该放手时就放手。今天我们成人之美，对方定会铭记于心，他日亦会成你之美，两相受益，又何乐而不为？相信，当一个人懂得留一步与人走时，当他具备了成人之美的心态以后，他的人生也一定会得到别人的喝彩，他在逢难之时，必然会有人站出来拔刀相助！

《增广贤文》中有云："饶人不是痴汉，痴汉不会饶人。"就此而言，得理不饶人者就是愚笨之人了。在日常生活中，我们要多与人为善，多给别人一些台阶下，多留给人一条路走，不争一时之长短，不咄咄逼人。如此，我们就能够拥有一个和谐、豁达的人生。

## 结怨同行之财不取，生意场上互惠互利

成功的商人必然有着良好的商德，这其中很重要的一点就是"不相

互拆台"。必要时,他们甚至可以牺牲自己的利益来成全他人,因为他们将人情看得重于利益。唯有如此,才能避免"两虎相争,必有一伤"的恶性竞争。胡雪岩就是这样,他将人际关系看得比眼前利益贵重得多,因为胡雪岩知道,人际关系所带来的长远收益是无法用金银来衡量的。对于一个商人而言,在激烈的竞争环境中,能保持如此清醒的头脑,是非常难得的。

互惠互利,就是使合作者之间都能够得到优惠和利益,使合作的结果皆大欢喜,这是双赢思维的典型体现。但是,要做到互惠互利不仅仅是一方的事情,它要求合作的任何一方都要有双赢的思维、过人的见地以及积极主动的精神。而且应以安全感、人生方向、智慧和力量作为基础。这对于良好生存境界的形成具有积极意义。

商人之间因为存在"利益"两字,所以时常会伤害对方。如果要想赚钱,又不伤害对方,这实在是一件比较困难的事。在胡雪岩看来,做生意要从顾客口袋里"掏"出钱来,就要把顾客伺候得舒服;同样的道理,在生意场上交朋友,也要把对方伺候舒服了才行。这是胡氏经商的一条原则:不为赚钱而伤害人。这是他善于自省的性格反映。

胡雪岩的生丝生意要销洋庄,因而要拉拢庞二。这庞二是南浔有名的丝行世家,几代积蓄,虽不能说富可敌国,但其实力雄厚,也远非人们所能想象。特别是庞家从道光末年中外通商开始,就做起了销洋庄的生意,在上海洋庄同行中是数一数二的大户。胡雪岩的销洋庄存了控制市场、垄断价格的用心。而此时的胡雪岩,实际上只是丝行生意新手,无论实力、经验都达不到独立运作的程度,如庞二这样的丝商大户,自然也就成了他必须寻求的商场靠山。他要达到控制市场的目的，就非得拉拢像庞二这样的商界巨子不可。

不过，要拉拢庞二，让他"借"出自己的势力，也不是一件容易的事情。一方面，庞二本来就是一个富家公子，送钱送礼他都不稀罕。另一方面，这庞二还是一个捐班的道台。一个富家公子花钱买一道台的顶子，原本只是买一个身份。因为当时普遍的观念还是"士、农、工、商"，商为末流。一个商人，无论你多么有钱，在社会上仍是见官低三分，所以，旧时商人有钱之后，总是想着走捐班一途，花钱为自己买一个虚置官衔。这样的人当然不需要也不会每天去"辕门听鼓"，候一个什么差事。据说这庞二平时虽不穿官服，但如果哪位州县官儿在他面前摆谱玩儿"派"，他摆出来的谱，玩儿出来的"派"，比那些官还高一筹。因此，也就没法借助王有龄这样的真正的官去收服他。

胡雪岩拉拢庞二，用的就是把他"伺候舒服了"的办法。

胡雪岩让刘不才去伺候他。当刘不才告诉庞二，胡雪岩希望和他联合，庞二也没有真正了解胡雪岩的为人和本事，因而只是认为胡雪岩不过是一个穷小子闯出来的手面，实力毕竟有限，而且恐怕他弄什么玄虚，心里还存有几分戒心，但他仍然答应和胡雪岩联合。特别是在胡雪岩借助湖州官场势力帮助他解决家事事端之后，他甚至将自己在上海的生意也全权委托胡雪岩打理，最后与胡雪岩结成了一对牢不可破的生意伙伴。

把对方伺候舒服之后让其跟着自己走，这应该也是一种对症下药的方式。商场有商场的规则，正如要使顾客心甘情愿地让你赚他的钱，你就必须能够把顾客伺候得舒服。你要别人不怀二心地跟着你走，自然也要让人觉出跟着你走的好处。这其实也是一种互惠互利。

生意场上交朋友不仅要互惠互利，而且要切记与同行结怨的钱别赚。

当初，为了浙江防务，胡雪岩向洋人购买洋枪，已经与洋人大体议定每支二十五两银子上下的购进价格。

出乎意料的是，浙江局的龚振麟父子走了浙江抚台三姨太的路子，斜插了一杠子，以三十二两银子一支的价格与洋人签了一万五千支洋枪的合同，而且已经进入实质性运作阶段。

本来是自己的生意却被别人抢走，而且对方一笔生意打下至少每支十二两、共十八万两银子的"虚头"以中饱私囊，以胡雪岩的为人和性格，自然是不会听之任之的。胡雪岩与朋友嵇鹤龄、裘丰言严密筹划，上串下联，由裘丰言出面向龚家父子展开攻势，终于迫使他们就范，同意拿出五千支由裘丰言经手，每支三十两的价格不变，但他们只要每支二两的手续费。如果这样，就等于他们让出了五万两银子的好处。

不过在交易过程中，胡雪岩却认为不能要这五万两银子。个中原因很简单，因为五万两银子不是一笔小数目，实际上等于是剜了对方的心头肉，拿了这五万两银子，对方一定会记恨自己。为了钱让对方记恨自己划不来。事实上按现在的情况，这笔生意也已经得不到这五万两银子的好处了，因为不管是以裘丰言经手的价格还是以胡雪岩他们原来的报价，每支二十五两来做，好处减半只有两万五千两，除掉打点抚台衙门的一万两，实落只有一万五千两。就这一万五千两胡雪岩也建议派作三股，裘丰言得两股，剩下五千两给龚家父子，而自己和嵇鹤龄分文不要。

胡雪岩如此处理这桩生意，也许有人不理解。本来是自己的生意，被人抢去如今再夺回来，从道理上讲，这笔生意的好处胡雪岩无论如何可以拿的。再说做生意就是为赚钱，到手的钱而且还是该拿的钱却不拿，自然是让人不好理解。

但胡雪岩有自己的道理，那就是钱要拿得舒服，拿以后不舒服的钱，拿了可能会在生意场中树敌的钱，即使该拿也宁可不拿。

什么钱拿了会不舒服？简单地说，也就是那些拿了会留后患、会带来不良后果的钱。比如这笔军火生意中的好处，就是可能拿得不舒服的钱。因为在胡雪岩看来，龚家父子之所以肯剜去自己的心头肉，让出五万两银子的好处，实际上是在自己的强烈攻势之下迫不得已的忍痛牺牲，拿了这笔好处，等于与他们结下大怨。对方心怀怨恨，以后寻机报复，这也就等于虽得一笔钱却为自己埋下一"颗"不定时"炸弹"，留下极大的后患，实在不划算。这是一笔拿了会得罪同行、结怨于同行的钱，虽然有可拿的道理，胡雪岩也是宁可不拿。

胡雪岩的这一番考虑确实有道理。事实上在这桩生意的运作过程中，龚家父子本就对胡雪岩心存怨恨，正是由于胡雪岩的这一番化解，使龚家父子不仅知道胡雪岩手段厉害，而且也知道胡雪岩是一个办事极"漂亮"的人物，最后由怨恨转为钦服，成为胡雪岩生意场上的朋友。

由此看来，做生意虽然是为了赚钱，但赚什么样的钱可有讲究，可能会结怨于同行的钱即使再多也不要拿，这个原则任何一个生意人都应该记取。

在生意场上交朋友，一定要记住双方应该互惠互利莫拆台。虽然胡雪岩也认为生意场上并无太多真朋友可言，但毕竟在有共同利益的前提下,双方真诚合作是有可能的。这便是要讲究结交朋友的一些做法。

然而生活中,很多人总是贪求过多,这类人自私吝啬却自以为很会算计。殊不知,这样的人生更像是在针眼中跳舞,尽管也辗转腾挪,但全无气魄。狭隘的心性束缚着他们的思想,制约着他们的行为,人生越往后走越没格调、越没格局,并最终将自己"困死"在自我的小圈子里。

聪明人绝不会这样做,他们深知有钱大家赚的好处。譬如安东尼·罗宾谈起华人首富李嘉诚时,他说:"他有很多的哲学我非常喜欢。有一次,有人问李泽楷,他父亲教了他一些怎样成功赚钱的秘诀。李泽楷说赚钱的方法他父亲什么也没有教,只教了他做人处世的道理。李嘉诚这样跟李泽楷说,他和别人合作,假如他拿七分合理,八分也可以,那李家拿六分就可以了。"

也就是说,他让别人多赚二分。所以每个人都知道,跟李嘉诚合作会赚到便宜,因此更多的人愿意和他合作。你想想看,虽然他只拿六分,但现在多了一百个人,他现在多拿多少分?假如拿八分的话,一百个会变成五个,结果是亏是赚可想而知。

李嘉诚是个精明的生意人,而做生意都是以营利为目的的,赔钱的买卖没人愿做,与别人合作时,自己总是少拿二分,不是李嘉诚没有私心,而是他的生意手段太高明了!其他生意人因为和李嘉诚合作,每笔生意多赚了二分,但李嘉诚却因为少拿这二分而多赚了几百分,这种互相"利用"给双方都带来了好处。如果世界上能多一些这样的"利用"关系,那每个人都应该举双手赞成。

## 戒律五　和气才能生旺财，驱虎入巷易被噬

> 人类最大的财富正是资源的分享，在现实社会中，只要不是损人利己，在物竞天择的自然规律下，互相"利用"也可以是一种合理的行为，那是人际间互动形态的多元与多样的表现。世间的事情往往就是这样，利用别人可能是一个负面词汇，但如果你能把互相利用变成互利互惠，那么这个词也就有了正面的意义。

## 戒律六

# 得人心细雨和风，治太严亲离众叛

> 有道是"水至清则无鱼，人至察则无徒"，对待他人，我们不能太过苛求，这往往会将别人从你的身边吓跑。须知，唯有和风细雨才能起到润物无声之效。胡雪岩不是个爱发威的人，他能以宽容为本，舍得付出，愿意投入，这为他赚足了人心。

## 和风细雨润物无声，投之以李报之以桃

温暖胜于严寒！感人心者，可先乎情。温情管理可激发员工工作热情及潜在才能。在日常管理中，管理者若能处处以员工为先，就会令他们在工作中备感舒适和温馨，从而达到"投之以桃，报之以李"的效果。

现代管理中一再提倡的"温暖法则",胡雪岩那时可谓用得烂熟。

法国企业界有一句名言:"爱你的员工吧,他会百倍地爱你的企业。"这句话对于任何一个企业都是绝对的至理名言,因为每个企业最重要的问题也就是"人"的问题。由于情绪、情感是人精神生活的核心成分,是人类所特有的,因此情感管理对于每个企业而言是很必要的。情感管理就是说管理者要以情感为手段,最大程度地影响追随者的思想、感情乃至行为,激发其情感内部的巨大能量。为此,如果管理者仅仅依靠一些物质手段激励员工,而不着眼于员工的感情生活,那是远远不够的。

"无情未必真豪杰","大人常怀赤子心"。优秀的管理者首先是一个具有普通人类感情的人,同时又是一位善于把握人类情感的大师,情感与思想紧密相连。管理者要注意与传统的忽视个体的管理理念划清界限,时常把员工的事当成企业的事,关心照顾退休员工会使在岗员工安心工作,关心有困难的员工会使他们对企业更加忠诚,这也是做好员工思想工作的前提。只有上下同心,关心员工,才能形成团结向上共同进步的氛围。从某种意义来说,一个企业就是一个大家庭,而管理者就是这个大家庭的"家长"。

那些真正聪明的管理者非常清楚,用人就要先解除人的后顾之忧,这样才能提高工作效率。一般来说,员工缩手缩脚,无非是妻室儿女父老双亲摆在那里,只要老板每事先替他们考虑,就可以唤起员工的工作激情。许多大老板也是利用这一点做羁绊,以防员工起二心。

胡雪岩弃防治不用,采用激励的方式,先要人把担子减轻了。这样子一则心思更专,能把全部精力投入工作中;二则产生感恩心理,忠诚激发创造性。对于这一点,胡雪岩很得意,也很自负。从他陆陆续续所用过的人来看,基本上是特点鲜明,能上台面,有所作为,这对形成这番乾嘉年间扬州盐商全盛时期都及不上的局面起了很大作用。他能识人,更能用人,也有一套自己的选人观、用人观。

他培养的第一个副手是阜康钱庄的第一任店务总管刘庆生。

依靠王有龄在浙江海运局的势力,胡雪岩的生意做得颇为顺当,资本也积累了不少。凭他在钱庄当了十多年伙计的经验,胡雪岩驾轻就熟,开设了一个自己的钱庄。

胡雪岩要开设自己钱庄的消息一透露出去,他过去钱庄的老朋友都极力踊跃地向他推荐一些有能力、有经验的档手。人员很快几近配齐,就差一个能够独当一面的店务总管了。胡雪岩知道这一职位的人员至关重要,其关系重大,宁缺毋滥。这时,信和钱庄的总管张胖子给胡雪岩推荐了一个名叫刘庆生的人选,说是很能干。

这毕竟关系到钱庄未来的发展,胡雪岩当然不会随便听信旁人之言,他要亲自考查一下刘庆生。

一天胡雪岩也不说什么原因,就让人把刘庆生请来,一坐下来他就莫名其妙地东拉西扯,空话说了近一个时辰。他见刘庆生坐在那儿不愠不火,心中暗自称好。因为有忍耐力、性格温和,不急不躁,才能在生意往来中搞好人际关系,遇事才能深思熟虑。对钱庄的店务总管,这方面的要求尤为必要。刘庆生在这一关上算是过了。

紧接着胡雪岩想考查一下刘庆生对钱庄业务的熟悉程度。胡雪岩自己就是钱庄方面的好手,于是信手拈来几个钱庄行业中比较棘手的问题作为考题。刘庆生也不示弱，问题回答得有条不紊。当胡雪岩问及钱庄同行时，貌不惊人的刘庆生把杭州全城四十几家大小同行的牌号，一口气背了出来，这足以显示他对钱庄业的熟悉程度，胡雪岩对此甚是满意。

属于专业性的能力考查完了，只要觉得此人理想，准备收用，胡雪岩必详细叩问家中情况，把全家开销全部包算。胡雪岩在这一点上十分细心。"人，是块材料，我用定了，可能抓起差来不要命，当然，你家里我会照应，天大的难处，都在我身上办妥。凡是我派出去办事的人，说句文绉绉的话：绝无后顾之忧。"

《慎节斋文存》胡光墉篇云："又知人善任，所用号友，皆少年明干精于会计者。每得一人，必询其家食指若干，需用几何，先以一岁度支畀之，俾无内顾忧。以是人莫不为尽力。"

在胡雪岩的时代，儒家传统和佛教轮回观念在民间以一种强烈的信念形式绝对地影响着每一个人。知恩图报的观念本来就根深蒂固。师傅打你骂你教训你，尚要知师德、报师恩，师父如果像胡雪岩这样把你手把手扶持起来，居然还会有不知好歹的言行的话，单是社会舆论就足以让你抬不起头来。

能够体会到这一点的话，我们对胡雪岩用人的这一特点，只会看重其实际影响，不会把它看轻了。

况且，衣食父母。父母生身，提供衣食者养身，后者不亚于父母的生身之恩。胡雪岩"所用号友，皆少年明干精于会计者"，就是说，都是伙计出身，从底层提拔上来的。中国封建社会，只要稍有恒产，就不会舍农、舍士地位而就工、就商。即便是家中只有3亩薄田,做父母的也会勤苦耕作,想办法供孩子入塾读书,以圆了他们"朝为田舍郎,暮登天子堂"的夙梦。像胡雪岩这种刚开蒙几天便不得不去当学徒的,定是连3亩薄田也保不住的。徽州多商,本就是地瘠田少逼出来的。

这样的一批人在外边混,饭碗端的是别人的,一不小心就会摔破,深知"衣食父母"分量之重,因而对赐予生路的人,保存的只是人格表层上的平等关系,只要表层不受大伤害,内心总是充满感激。

做事总要为人着想,这一直是胡雪岩用人的高明之处。尽管前面已经提到过下面这个例子,但是不妨换一个角度来看问题:

清政府的日常开支及军饷多靠富庶的江、浙支撑。江、浙每年征收的粮食主要靠漕帮经运河运到北京。但由于运河年久失修,加之干旱,运河沿路关卡甚多,漕运不畅,因而浙江的粮食运不出,朝廷催促甚严。刚当上浙江海运局"坐办"的王有龄急得团团转,刚当上官的那份春风得意也变为千斤担子压在了身上:漕粮运出困难,即使运出也还是误期,难免上司斥责,还会使明年的漕粮相应推迟。胡雪岩一个妙招将他的焦虑化为乌有:改海运,直接到上海买粮,转海运进京。这样就免去了漕运中的一系列困难和麻烦,速度要快得多。

然而这也有许多工作要做:首先要钱庄肯垫钱,在上海买米需要10万两白银。其次还要有粮商肯卖粮。肯垫钱的钱庄是信和钱庄,由于胡雪岩善于诱之以利(许下今后海运局钱款往来只找信和钱庄的诺言),且以海运局作保,因而信和钱庄敢于冒这个险。倒是兼做粮商的松江漕帮尤五颇为踌躇:松江漕帮在上海的通裕米行虽有粮可垫,但松江漕帮本身由于这几年来朝廷上下层层盘剥,自身并不景气,原本打算以这批粮食脱货求现以解帮内燃眉之急。而且,由于太平天国已起,南方兵荒马乱,北方震动惊惶,粮食本已紧张;加之不久即是青黄不接之际,粮价眼看要上涨,因而对这件卖粮之事不能不盘算自己的利害得失。

在酒席上胡雪岩已看出松江漕帮尤老五的心事,因而替对方着想,要对方说出自己的难处。得知对方的难处之后,胡雪岩也不是撒手不管,而是又主动说和,请信和钱庄放一笔款子给漕帮,将来卖掉了米再还。由于胡雪岩此前已将信和钱庄的张胖子收服,因而张胖子不假思索就爽快答应了贷款的条件。也许是事情太容易了让人不敢相信,张胖子的爽快反使尤老五心生疑虑。这时张胖子显出自己的精明,说出自己敢于冒险放款的原因:第一是松江漕帮的信用,第二是浙江海运局的招牌(即担保),第三是米还在那里,因而不怕钱庄受损。尤老五这才一块石头落了地,双方、三方皆有利可图的一笔大生意,就此谈成。

胡雪岩刚一出道,就显示出自己的不同凡响。他人情练达,处事周到,善于察言观色,更擅长揣摩对方心理,因而在与人交往中不仅能礼节周到足以满足对方的心理需要,更以从物质上满足对方的需要为其根本。

"做事总要为人着想"是胡雪岩待人接物的原则,也是他招揽人才,使跟着他做事的人都能心甘情愿为他拼命的"秘诀"之一。"做事总要为人着想",也就是角色位置的调换,站在别人的立场上,设身处地,从而对对方的利害得失与困难有较为切身的体会,这样利于自己的决策,并做适时的调整,有利于自己的决策便于对方接受,使自己的决策不至于在运作中有损于对方利益而遭到拒绝。更重要的是,能为别人着想,而且使别人实实在在知道自己也确实肯为别人着想，也善于为别人着想，这会使对方一下子就知道你的情分，知道跟着你做事绝不会吃亏，他也就心悦诚服地被你拉住了，这个时候，即使在实际物质利益上稍有缺欠，他也不会在乎，照样实心实意为你做事。

如今，一些企业老板在"雇佣关系"的理解上失之偏颇，他们认为自己与员工之间就只是单纯的"雇"与"佣"的关系，即"我"给你钱，"你"替我干活，就这么简单。殊不知，这种态度是根本无法令员工为你忠心做事的。

在管理学上有一种"南风法则"，它要求管理者对员工体现足够的关心和尊重，时刻以员工为本，帮助员工解决日常生活中的实际困难，使员工真正感受到企业这个大家庭的温暖。这样，员工才能尽心尽力地为企业做事。

在这一点上，那些知名企业领导人的做法很值得我们借鉴。

日本著名企业家松下幸之助先生说过："当我看见员工们同心协力地朝着目标奋进，不禁感动万分。"所以，他提出并倡导社长"替员工端上一杯茶"的精神。松下先生认为：一旦社长有了这种温和谦虚的心胸，那么，看见负责尽职的员工，自然会满怀感激地说："真是太辛苦你了，请来喝杯茶吧。"松下先生的意思是，社长也不一定亲自为员工倒茶，但是，如果能够诚恳地把心意表达出来，就可以使倦怠的员工感到振奋，从而提高工作效率。松下先生还说："即使是公司的职员众多，无法向每个人表示谢意，但只要心存感激，就算不说，行动也自然会流露出来，传达到员工心里。"这里所体现的正是尊重员工的精神。

## 戒律六　得人心细雨和风，治太严亲离众叛

据报道，在东京街头曾有日本工人声势浩大的反对老板盘剥，要求增加工资的大游行。但人们又熟知，日本的企业家很重视企业的"家庭氛围"，在寻求和建立员工与企业之间的"情感维系的纽带"方面取得了丰富的经验。他们声称要把企业办成一个"大家庭"，因而注意为员工搞福利，为员工过生日。当员工结婚、晋升、生子、乔迁、获奖之际，都会受到企业领导人的特别祝贺，这一套又的确使不少员工感到企业是自己的家。

美国 IBM 公司提出的口号是"尊重个人"，如果员工不能在公司受到尊重，就谈不上员工能够尊重和认同公司的管理理念和企业文化。作为管理者，更应该身体力行，把尊重员工落到实处。而不只是停留在口头。

美国著名企业家埃丝黛·劳德说过："员工是我最重要的财富。"美国惠普公司创立人惠利特说："惠普公司的传统是设身处地为员工着想，尊重员工，并且肯定员工的个人成就。"该公司也是这么做的，在 20 世纪 70 年代经济萧条时期，他们坚持不裁员，上下一心渡过了难关。

对于管理者来说，对员工的关爱也是一种感情投资。就算是你的一句祝福话语、一声亲切的问候、一次有力的握手都将使员工终生难忘，甘愿为你抛头颅、洒热血。一位愿意为员工着想的管理者，则必定赢得下属的信赖与爱戴。

儒家学派的创始人孔子提出的"仁"，主张的"施仁政"，强调国家的统治者要像爱护亲属一样地对待臣民，道理即在其中。著名军事家孙武则要求将帅一定要爱护士兵。他在《地形篇》中分析道："视卒如婴儿，故可以与之赴深溪；视卒如爱子，故可与之俱死。"如果将帅们能像对待

自己的爱子一样对待士卒，就能取得士卒的信任，使之甘愿追随自己赴汤蹈火，这样的军队就无往而不胜。管理者若有如此做法，也将得到员工的信任，使之提高工作效率，以期达到工作目标。

---

毋庸置疑，人才对于企业的发展往往付出更多、贡献更大，所以给予高一点的薪酬是理所当然的。同时，管理者应多方考虑，在住房保障、医疗保险、社会保险、职称评定、子女入学、配偶就业等方面给予人才一定的便利条件，为他们解除后顾之忧，让他们更好地施展自己的才华。

---

## 垂钓人心对症下饵，寻找弱点投其所好

会处世者善于抓住不同人的特点，区别对待，抓住对方的"软肋"做文章，这就是通常所说的"投其所好"。在这方面，胡雪岩显然是个行家里手。

周文王在渭水北岸见到了正在直钩钓鱼的姜太公，太公说，用人办事的道理和钓鱼有点相似之处：一是禄等以权，即用厚禄聘人与用诱饵钓鱼一样；二是死等以权，即用重赏收买死士与用香饵钓鱼一样；三是官等以权，即用不同的官职封赏不同的人才，就像用不同的钓饵钓取不同的鱼一样。姜太公接着说："钓丝细微，饵食可见时，小鱼就会来

## 戒律六　得人心细雨和风，治太严亲离众叛

吃；钓丝适中，饵食味香时，中鱼就会来吃；钓丝粗长，饵食丰富时，大鱼就会来吃。鱼贪吃饵食，就会被钓丝牵住；人食君禄，就会服从君主。所以，用饵钓鱼时，鱼就被捕杀；用爵禄收罗人时，人就会尽力办事。"

可见，我们在与人相处时，别人有什么需要，我们尽量去满足，那么他会很乐于接纳我们，当然也包括满足我们的要求。其实无论是政治家，还是圣贤哲士、凡夫俗子，每个人都有自己的"痒痒肉"，如果你能对其加以利用，对症下药，一切就会变得更加得心应手，称心如意。

虽然每个人的做人之法都是不一样的，但是每个人都有自身的弱点。一般讲，最容易突破的就是人的弱点。胡雪岩的高明之处，还在于他善于抓住不同人的特点，区别对待，也就是通常说的"投其所好"。这是胡雪岩成大事的性格绝学之一。

起初，由于杭州被太平军占领期间的谣言，此时的左宗棠对胡雪岩既早闻其名，也早有戒备。他甚至接到许多状告胡雪岩的禀帖，决定一律查办，指名严参。这位素有"湖南骡子"之称的总督，在胡雪岩前去拜见时，甚至都不给他让座，很是"晾"了他一把。而胡雪岩终于还是得到了左宗棠的信任，甚至被引为知己，左宗棠由此成为胡雪岩比王有龄更有力量的支持者。后来也就是因为左宗棠的大力举荐，胡雪岩才得到朝廷特赐的红顶子。

胡雪岩取得左宗棠的信任，其实只做了两件事：

第一，献米献钱。胡雪岩回杭州，带到杭州去的有10000石大米和

10万两银子。本来这10000石大米有一个名目,那就是当初杭州被围时,胡雪岩与王有龄商量,由胡雪岩冒死出城到上海采购大米以救杭州粮绝之急。胡雪岩购得大米10000石运往杭州但无法进城,只得将米转道宁波。现在杭州收复,胡雪岩将这10000石大米又运至杭州,且将当初购米款20000两银子面交左宗棠,等于是他既回复了公事,以此证明自己并非携款逃命,而又另外无偿献给左宗棠10000石大米。那10万两银子则是胡雪岩为了敦促攻下杭州的官军自我约束、不要扰民而自愿捐赠的犒军饷银。清军打仗,为鼓舞士气,有一个不成文的规矩,攻城部队只要攻下一座城池,3日之内可以不遵守禁止抢劫奸淫的军规。胡雪岩献出10万两银子,是要换个秋毫无犯。

第二,主动承担筹饷重担。左宗棠几万兵马东征镇压太平军,每月需要的饷银达25万两之巨,当时朝廷财政短缺,用兵打仗采取的是"协饷"的办法,也就是由各省拿出钱来做军队粮饷之用,实际上是各支部队自己想办法筹饷。胡雪岩听到左宗棠谈起筹饷的事,毫不犹豫地表示自己愿意为此尽一分心力,而且当即就为筹集军饷想出了几条很是行之有效的办法。

胡雪岩做的这两件事,的确做到了对"症"下"药",因而也是一下子"药"到"病"除。所谓对症,是因为粮食、军饷,都是左宗棠此时最着急也最难办的事。杭州刚刚收复,善后是一件大事,而善后工作要取得成效,第一位的是要有粮食,另外,当时镇压太平军实际是左宗棠与李鸿章协同进行,太平军败局已定,左宗棠当然想争头功,这个时候,粮草军饷也是当务之急。没有粮饷就无法进一步展开攻势,而且一

## 戒律六　得人心细雨和风，治太严亲离众叛

且"闹饷"，部队无法约束，也就势成"乌合"，还会酿出乱子。胡雪岩的到来，使这两件让左宗棠头痛的事情一下子迎刃而解，哪里还有得不到他赏识的道理？用左宗棠的话说，解决了这两个问题，不但杭州得救，肃清浙江全境他也有把握了。难怪胡雪岩去拜见他，开始连座都不让，到听说运来了粮食，不仅让座而且是升炕，而到了谈及筹饷，他马上吩咐留饭了。

胡雪岩在商场中如鱼得水，跟他善于抓住对方弱点并进而投其所好的手段是分不开的。

有句话说"当官的不打送礼的"，那也要看你送的是什么。若是人家过大寿，你去送一块钟表，再看看自己会是什么下场。很多人在求人办事时屡屡碰壁，吃亏就吃亏在没有摸透人家的心思上，大热天送棉袄，还怎么能奢望人家感谢你呢？所以说，与人交往、办事时，我们要看准形势，抓住不同人的心理特点，他需要什么，你就"送"什么，这样才能收到理想的效果。

其实每个人都有他的心理弱点，依据对方的病症下药，可以做成一件坏事，但同样也可以做成一件好事，所以只要你的心是善良的，大可不必拘泥于做事时的手段。我们在与人相处时，若能掌握世人的普遍心理，抓住对方的心理弱点，集中攻之，多会事半而功倍。

这对症下药，说到底也就是投其所好。正如送礼，要送得合适，其中一条重要的原则就是要对方喜欢。而要对方喜欢，常常也就是送给对方急需的又一时没有的。比如左宗棠喜奉承，求事功，胡雪岩正好给他送去了能使他成就事功所必需的东西，一送之，也就送出了意想不到的

效果。胡雪岩说:"送礼总要送人家求之不得的东西。"可见他是深谙此道的。

---

做人、做事能否出彩,关键在于是否能够了解人心、把握人心,这样,才能掌握对方的真正需要,从而投其所好,赢得对方的好感,并获得支持。也就是说,只有了解人心、把握人心,才能达到以心攻心的目的。

---

下辑

# 畅行天下，要有谋断

人活着就总要做事，但要把事情做大、最好，就需要有一定的谋断。那些在自己能力范围内，能将收益最大化的人，我们才称之为做事的高手。

胡雪岩这个人有谋善断，做事绝不拖延、绝不犹疑。他善于思考，能够为自己寻找达到目的的捷径，懂得运用各种策略，运筹帷幄，决胜于千里之外，驭人于肱股之间，由此造就了他一代豪商的历史地位。

# 戒律七

## 欲成大事需慷慨，难舍孩子怎套狼

> 欲有所取，必有所舍。这世间没有白捡来的便宜，一毛不拔的人终究难成大器。胡雪岩之所以有"仁商"之称，就在于他肯"舍"。事实上，他慷慨大方地"舍"，正是为了日后能够大量地"得"。

### 只有把慷慨撒出去，才能把面子收回来

做人不能心胸狭隘，要慷慨大度，这样才能获得一片赞誉。这就是说，只有把慷慨撒出去，才能把面子收回来。如果在各方面斤斤计较，刻薄寡义，是不能成大事的，胡雪岩之所以能把生意做到洋场，与其慷慨大度的处世之道是分不开的。

## 戒律七　欲成大事需慷慨，难舍孩子怎套狼

做人不能太吝啬。诚然，即便你什么都不拿出来，也不会有人死乞白赖冲你索要。不过，慢慢你会发现，这样做是在自己为难自己。因为，任何人都不是愚者，谁愿意白白捧你，而自己却一无所得呢？于是，你身边的人聊着聊着，就渐渐少了回应；走着走着，就不再携手同行。是的，做人越是吝啬，越会被这个世界所疏远。

慷慨的人则不同，慷慨的人生是一种大格局、大气象。慷慨之人舍与得自在，浮与沉自如，进与退自由，他们在人生路上大开大拓、大收大放，卓卓然于他人之上。所以，那些成功人士很注重营造自己的人生。他们乐于慷慨一些，他们将付出视为一种投资，这种小额的投资，往往预示着丰厚的效益。

胡雪岩笼络廖化生与洋商打交道，慷慨的性格体现得最为明显。冬日，杭州城天寒地冻，北风凛冽，阜康钱庄却一片火热情景：大厅里一字儿排下五个火盆，炽烈的薪炭将大厅烤得暖气融融，乌红色的枣木大柜前，十来名伙计忙不迭地应酬顾客，报账声，算盘声，此起彼伏，热闹非凡。柜台外面，顾客如云，摩肩擦背，喧哗不绝。经过数年苦心经营，胡雪岩的阜康钱庄一跃而为同行之魁，银钱往来业务超过任何一家钱庄。

此刻，胡雪岩坐在太师椅上，望着钱庄繁忙情景，自矜自得，欣慰之情溢于言表。这时，一位顾客递给伙计一张银票，声言要兑取现银。伙计愣了一刻，随即满脸堆笑，请顾客进厅堂落座，沏一杯上等毛峰。胡雪岩见状，知道这个顾客非比寻常，关切地上前询问伙计。原来顾客要兑取50000两现银，因数额巨大，需到库里搬运，耗费时间，所以便

请他入座喝茶等候。

胡雪岩善于察言观色，见那顾客行色匆匆、风尘仆仆，料想必是远道而来；又见他双目明亮，眉间一股英气，干练通达，必是场面上混惯的人，想着，有心试探他底细，便右手端茶碗，三指并拢，大拇指翘起，做出青帮询问的暗号："来者何人？"慢慢踱过去。

来客见状，很敏捷地端起茶碗，三指散开，大拇指向下，做出回答的暗号："帮中弟兄。"

胡雪岩忙拱手道："这位弟兄贵姓？"

"免贵姓高，弟兄们称我高老三。"

排行为三，显系帮中管理钱财的执事，胡雪岩立刻确定了他的身份，亲热地同他交谈起来。原来，高老三系苏南青帮"同福会"的管家，专司钱财往来，此次到杭州取银子，为了一桩急事。

"银子多了扎眼，路上也不安全，何必一次取那么多。"胡雪岩淡淡地道。

高老三道："胡老板说得对，但这笔钱立刻就要分给兄弟们做安家费，不会多余剩的。"

"哦，安家费？"胡雪岩微微有些吃惊。据他所知，青帮弟兄需要流血拼命时，才发放安家费给眷属，以使他们解除后顾之忧，甘心赴死。他又道："同福会莫非与人结下冤仇，要开杀戒？"

"胡老板，看在你懂帮规的份上，不妨告诉你，同福会将替太平军护送一批军火从上海到金陵，途中官军重重设防，难免有冲突，所以会里选了百多位敢死的弟兄，去完成任务。"

## 戒律七　欲成大事需慷慨，难舍孩子怎套狼

胡雪岩恍然大悟，青帮与太平军联手办事，是常有之事，大约太平军出价不菲，同福会才敢冒极大危险替对方护送军火。他于是不再多话，让高老三取了银子，客客气气送出门外。高老三走后，胡雪岩心里反复掂量这条消息的价值。太平军和清军对峙多年，军火匮乏，青帮替太平军护送军火，双方都有好处，本与胡雪岩无关，但他像一条嗅觉灵敏的猎狗，嗅到其中特别的气味。太平军在上海购军火，必然与洋人洽商，军火买卖向来利润惊人，回扣不菲，这是众所周知的事。胡雪岩十分垂涎军火生意，苦于无处着手，如今凭空知道了这条消息，正可捷足先登，把这笔生意夺回自己做。想罢，事不宜迟，他立刻打轿赶往王有龄府宅。王有龄听他述说完，高兴道："真是踏破铁鞋无觅处，得来全不费功夫，刚才抚台黄大人召见我，商议要海运局拨一笔款子购置500条毛瑟枪，加强浙江绿营的装备，我正愁差谁去经办，你若有兴趣，可应承下来。"

胡雪岩心算一下，毛瑟枪每支50两银子，500支需25000两银子，回扣一分以上，起码可获利3000两银子，是一笔好买卖。当下他立刻应允，请王有龄开了一张30000两银子的官票，预备到上海花费。然后收拾行装，雇了一只小火轮，急急连夜奔赴上海。你道胡雪岩怎么这样匆忙？他深知商场如战场，稍有懈怠便坐失良机。胡雪岩算定太平军购军火不会很快，洋商必定讨价还价，延宕时日，把太平军逼到最后关头，好要一笔高价。从高老三口中，胡雪岩得知太平军欲购500支枪，这批军火数量巨大，洋商不可能有现货，待从外国运来时，时间又过去一个月了。故而胡雪岩满怀信心要把这批军火半道易手，为

己所用。

不几日,胡雪岩到了上海,求见上海青帮首领廖化生,说明来意。廖化生笑呵呵道:"生意人人做,就看谁占先,凭胡先生的才能,这笔生意非你莫属。"胡雪岩谦虚道:"靠我单枪匹马,万难成功,还要老哥鼎力相助,事成之后,老哥可分三成利润,算是合伙生意。"

廖化生喜出望外,没想到胡雪岩如此慷慨豪爽,道:"需要我做什么,尽管说,自家弟兄任你差遣。"

"我对洋商所知甚少,请老哥派一位懂行的弟兄陪陪我。"

廖化生沉思片刻,说:"眼下有一位弟兄,在洋行当通司,外国话说得流利,深谙洋商底细,就叫他帮助你如何?"

胡雪岩道:"最好,最好!"

不一会儿,一位弟兄带进一名青年,戴墨镜,穿洋装,着皮鞋,脑后却拖根长辫子,显得不中不西、不伦不类,十分滑稽。廖化生向胡雪岩做了介绍:此人名叫欧阳尚云,在洋行干了多年,懂法兰西语和英吉利语,是上海洋商看重的人物。欧阳尚云操着一口半生不熟的官话,告诉胡雪岩说,因从小就在洋行当小厮,学会说洋话,天长日久,中国话反而生疏了。胡雪岩见他聪明伶俐,反应机敏,暗忖今后得好生待他,将来同洋商打交道,是个不可多得的人才。

欧阳尚云果然对上海洋商了如指掌,说起洋商底细,如数家珍,娓娓而谈。胡雪岩从他口中得知,太平军向英商麦得利所购500支毛瑟枪,因现货不齐,麦得利向国内拍电报催运,商定下月初交货。胡雪岩算算还有二十多天,不禁额手称庆,真是天助我也,20天用来周旋,时间绰

## 戒律七 欲成大事需慷慨，难舍孩子怎套狼

绰有余，商场规矩，只要货未交出，一切协议契约，均无约束，签约毁约，司空见惯。胡雪岩久经商战，有信心令麦得利改弦易辙，撕毁与太平军的签约，把生意转给自己做。

主意打定，胡雪岩叫欧阳尚云同麦得利联系，亲自和他面谈。

第二天，欧阳尚云陪同胡雪岩，前去一家洋酒馆会晤麦得利。一路上，欧阳尚云不断向胡雪岩介绍洋人的礼节、习惯和规矩，不知不觉到了酒馆门外，见个身着红外套的黑种人在把门，满脸络腮胡子，模样煞是凶狠。欧阳尚云介绍说是印度仆役，相当于中国的门子。酒馆外面装饰得金碧辉煌、晶莹耀眼，一行巨大的洋文镌在门楣上，类似于张旭的狂草。经介绍，胡雪岩知道是英文"欧罗巴大酒店"。

麦得利步出门厅迎接，他身材瘦长，像根晾衣竿，鼻子尖细且弯，令人想到鹰嘴。麦得利爽朗大笑，紧紧抱住胡雪岩，几乎令他喘不过气来，强烈的口臭使胡雪岩头晕目眩。热烈欢迎之后，胡雪岩在餐桌旁就座，开门见山同麦得利谈起那笔军火交易。麦得利连连摇头，说已同别人签约，不可失信。胡雪岩说知道你同谁签了约吗，那是一伙与合法政府作对的乱民。麦得利说自己是商人，商人只管做生意，而不问对方是谁，哪怕是魔鬼。胡雪岩反问对方："知道五口通商的条约吗？那是外国政府同中国政府签订、保护外国商人在华利益，如今你们同反对政府的乱民做军火生意，无异于反对中国政府，还能受到保护吗？"

这一招很厉害，麦得利无言以对。胡雪岩抓住要害，进一步说："如果政府得知这笔交易，派兵截获军火，那时你不但血本无归，还要受到政府追究责任，利弊如何，不是明白无遗吗？"麦得利苦笑着，耸耸肩

膀，两手一摊，表示无可奈何。他狡辩说，枪支已经启运，很快到达上海，若中途毁约，将蒙受巨大损失。胡雪岩告诉他，自己可以代表浙江地方当局买下这批军火，并可提高价格。麦得利双眼一亮，连叫"OK"，表示很有考虑的必要。胡雪岩盯住他说，不是考虑，而是必须，否则自己将运动所有力量，破坏麦得利同太平军的交易。

麦得利将信将疑，转向欧阳尚云，询问他胡雪岩在中国官场上的影响和势力，究竟有多大。欧阳尚云告诉他，中国有句老话，叫做"有钱能使鬼推磨"，胡雪岩的钱财，足可以买下浙江半个省的地皮，相当于英伦三岛其中的一个。麦得利惊得张大嘴巴，连连伸出拇指比画，金钱的力量立刻降伏了他，麦得利明白同胡雪岩这样的巨富打交道，比同"乱民"太平军来往有利多了。

没费多大力气，麦得利就放弃了原来的打算，同胡雪岩商谈起购买枪支的具体事宜。胡雪岩答应把每支枪价格提高一两银子，麦得利高兴得手舞足蹈，斟满一杯洋酒，同胡雪岩碰杯，庆贺生意成交。

吝啬的人不会轻易付出，要他们为寻常人付出一点，就像被割下一块肉一样，他们固然"完好无损"，但他们或许什么也得不到。

要知道，在现实生活中，没有人愿意与吝啬之人打交道。大多情况下，人们在与这种人接触一两次以后，便不愿再与之来往了。其实，吝啬并不是与生俱来的，它的形成也是有一定原因的。生命的存在和成长，离不开衣食住行，因而必须有一定的物质基础作为保障。人们对于利益的需要，原本只是为了满足生存和发展，可是，偏偏有一些人对于利益有着偏执的嗜好。在他们看来，利益尽归我有才好。不是他的，他想方设法弄到手,一旦到了手,就绝不会再撒出去一丝一毫,甚至本该给别人的,也不愿意给。这就是人们口中常说的吝啬。究其根由,吝啬的人是因为把利益看得太重,觉得利益高于一切。当然,人在社会上生存需要基本的物质保障。但过度追求利益则大不可取。

毋庸置疑,你根本无法找到一个慷慨大度,却不受欢迎的人物;也一定无法找到一个刻薄吝啬,却大受欢迎的人。其实,想要多得到一些收获是人类的一种本性,适度的渴望也是正常的。但是,若是能采取倒向式的做法,即像胡雪岩那样"先给利,后收获"的做法,那就更加地难能可贵了。

大量事实证明,慷慨之人往往会大富大贵、飞黄腾达,甚至日进斗金;而自私吝啬者却往往甚为平庸、无所作为。可见,一个人的成就有多大,大致上是与他的施予程度成正比的。

所以说,做人还是要慷慨一些好,将心比心,你对别人的慷慨付出,同样也会得到别人的慷慨回报,这就是人际交往中的互利原则。

---

其实,吃亏与占便宜,正如祸福相倚一般,有时"失"就是"得","得"就是"失"。今天你对别人慷慨一点,或许在不久的将来就会得到厚报,相反,如果你一心想着占便宜,到最后吃大亏的一定会是你,轻者会朋友尽散、求助无门,重者甚至有可能身败名裂,遗臭万年。一个人的受欢迎程度,很大程度上取决于他是自私吝啬还是慷慨无私,那些肯慷慨解囊、肯广结善缘的人物,往往会受益无穷。

---

## 但凡善事不要吝啬，赠人玫瑰手有余香

"赠人玫瑰，手有余香"，付出总会得到一定的回报，那些心中只有自己的人很难在社会上立足，因为没有众人的支持与帮助，任谁也无法成就一番事业。胡雪岩深明此理，对他而言，做善事也是挣钱的一种"手段"。

在当代社会，随着市场经济的发展，很多人错误地认为，所谓的"仁爱、良心"已经没有实际作用了，这其实是一种既狭隘又短浅的观点。从长远的发展看，立志行仁，内心就会有一种向善的自律力量，它会使一个人产生崇高的使命感和责任感，不但拥有了推动生活、事业的正确力量，而且也能够在整个前进的路上，都不会产生内在的焦虑、彷徨，同时令外界见不得人的干扰、攻击对你敬畏而远之。

要知道，无论是在古代还是在当前，时代的变化都不能改变事物自身的规律。用心险恶、手段卑劣，虽有时候能获取蝇头小利和短暂的好处，但毕竟不是正道；只有内心仁德平和，才是能够成就大事、行之久远的正确的做人做事途径。

胡雪岩常说："做生意赚了钱，要做好事。"他说要做好事，也就真的常做好事。他对于行善做好事，常常是能做就做，而且从来都是不遗余力，绝不吝啬。而他尽力去做的，也都是有利于平民百姓的很实在，因而也是很实惠的好事。

比如他定下免费施茶送药的规矩，比如他出资建码头。胡雪岩曾在

## 戒律七　欲成大事需慷慨，难舍孩子怎套狼

杭州城里修建义渡码头，这是一个施惠于四方百姓的善举。当时，杭州钱塘江上本来没有一座桥梁，与杭州隔江相对的绍兴、金华等通称"上八府"一带的人要到杭州城里，必须从西兴坐摆渡船，到杭州望江门上岸进城。从西兴摆渡过江，不管是"上八府"的人到渡口，还是下船上岸到进城，陆路都要绕道而行，而从西兴到望江门码头，水路航程长，风浪大，很容易出事。胡雪岩生长在杭州，这些情况当然是知道的，据说他早就有设义渡的想法，但在他开办自己的事业以前，他自然不会有力量来完成这桩心愿。胡庆余堂开办之时，他的资产已达数千万两白银。这时他做的第一件事，就是修义渡。他亲自查勘选址，亲自监督施工，在杭州三廊庙附近江面较窄的地方，修起一座义渡码头，让过往的人直接由鼓楼就近入城。而且他还出资修造了几艘大型渡船，既可载人，还可载渡骡马大车。胡雪岩规定，所有客商过渡，全部免费。四方百姓无不拍手称好。

据史料记载，胡雪岩的一生的确做了许多好事，有些事情都变成定规定例，比如时值战乱年景他设粥场，发米票，天寒地冻之时他施棉衣……直到他濒临破产的那一年，也没有中断。胡雪岩做的这些好事，使他在江浙一带获得了一个响当当的"胡大善人"的名声。

胡雪岩为一个善人的名声如此地散财施善，似乎有些让人不好理解。生意人将本求利，一分钱的用度总要有一分利的回报才是正理，连胡雪岩自己都说："商人图利，只要划得来，连刀口上的血都敢舔。"而且"千来百来，赔本买卖不来"。散财施善，分文不取，用自己从刀口上"舔"来的血仅仅换来一个"善人"的名声，何苦来呢！如胡雪岩似的赚了钱

能去做好事、善事，实际上为许多生意人所不为。

其实，胡雪岩说做生意赚了钱要做好事，正显示出他超出于一般人的见识和眼光。他做好事，无疑有他行善求名、以名得利的功利目的，比如他自己就说过："好事不会白做，我是要借此扬名。"胡雪岩做好事，也的确并不是与自己的生意一点联系都没有。比如他修建义渡码头，实际上就是与他的药店生意有关系，胡雪岩的胡庆余堂药店建在杭州城里河坊街大井巷，原来光顾药店的都是杭嘉湖一带"下三府"的顾客。义渡码头建成之后，从义渡码头进到杭州城里，必须经过河坊街。这义渡码头不仅为胡雪岩扬了名，其实也为来来往往的"上八府"的人直接到胡庆余堂购药创造了条件，等于是无形之中扩大了胡庆余堂的市场。不过，胡雪岩做好事还有一个十分明确的目的，那就是"做生意第一要市面平静，平静才会兴旺"，因此，他做好事也是在"求市面平静"，也是他做市面的一种方式。

从做生意的角度看，生意人有了钱想着去做点帮穷济困的好事，其实也是为自己更好地做生意创造条件，比如因为自己的帮穷济困，使一部分陷入饥寒、落入困顿的人得到某种必要的救助，起码能起到一定的安定社会、平静市面的作用，为自己商务活动的正常开展创造了一个较好的外部条件和环境。俗话说"饥寒起盗心"。处于饥寒交迫之中无正常生路可走的人，在一种求生本能的驱使之下，自然要千方百计为自己谋一条生路，这是很正常的。

因此，胡雪岩才十分强调，生意人也要能主动地帮助维持市面。

爱默生曾说："此生最美妙的报偿就是，凡真心帮助他人的人，没有不帮助自己的。"这真是一句大实话。

然而，无论是透过媒体得知，还是现实所见，都难免使人感叹当今社会人心不古，世风日下。可是，造成这种不良境况的原因是什么呢？大概很少有人能深刻地认识到。

由于人的自私本性，每个人都希望能"人人为我"，却不愿去践行"我为人人"，结果呢，就导致人在社会中没有安全感和关爱感。假如人人都能够心怀他人，互相信任、互相帮助，即使它的前提是功利性的，那么也会最终惠及自身的。因为处在一个安定环境之中，远比处于一个恶劣环境中能得到更多的精神、物质上的双重实惠。

当我们懂得付出、帮助、爱、分享，实际上我们就生活在了天堂之中；若只为自己，自私自利，损人利己，实质就等于生活在地狱里。地狱和天堂就在自己的心里。帮助别人的时候，同时也就是在帮助自己。

"赠人玫瑰，手有余香"，付出总会得到一定的回报，那些心中只有自己的人很难在社会上立足，因为没有众人的支持与帮助，任谁也无法成就一番事业。

在平常的日子里，我们为马路边乞讨者送上一块蛋糕；为迷路者指点迷津；用心倾听失落者的诉说……这些看似平常的举动，就会在潜移默化中洗涤我们的心灵，将我们的道德修养提升到一个新的高度。从另一个角度来讲，在助人的同时，我们也正是在培养自身的能力。就像人们常说的那样："帮助别人往上爬的人，一定会爬得更高。"

---

欲有所取，必有所舍。这世间没有白捡来的便宜，一毛不拔

的人终究难成大器。胡雪岩之所以有"仁商"之称,就在于他肯"舍"。事实上,他慷慨大方地"舍",正是为了日后能够大量地"得"。

## 急人之急便是仗义,济人于难自有厚报

其实于人而言,饥寒之时的一碗热饭,往往更胜于富贵之时的一桌大餐。聪明人熟知大众心理,所以他们在帮助别人时,要点"心眼",济人于危困之际、解人于倒悬之中,其收效肯定要比饱时送饭好得多。胡雪岩性格豁达,善于助人,他时时坚持这样的为人之道——在最困难之时挺身而出。这种性格是胡雪岩经商和做人的一大特色,从而使得他在商界迅速崛起。

明"还初道人"洪应明在《菜根谭》一书中,这样写道:"千金难结一时之欢,一饭竟致终身之感。盖爱重反为仇,薄极翻成喜也。"其意为:以千金重礼去馈赠别人,有时亦未必能够打动人心,换得一时欢喜;相反,有时仅仅是一碗饭的恩惠,却能令人感恩戴德、须臾不忘。之所以会如此是因为,有时爱过了头就会成为仇恨,而小恩小惠只要给的是时候,就足以讨人欢心。

古人云:"受人滴水之恩,当涌泉相报!"为何回报如此之重?因为这滴水便是活命之水。试想,倘若一个人在沙漠中即将渴死,而此时此

## 戒律七　欲成大事需慷慨，难舍孩子怎套狼

刻，你适时送上一捧清凉甘甜的泉水，解救了他的性命，对方会作何感想？能不为你肝脑涂地，以作报答？

不同性格的人，就会形成不同的人际关系。在胡雪岩看来，如何搞好人际关系，是有许多学问的。例如，怎样去对待那些急需要帮助的人，学问就很大；你可以置之不理，不管他死活，你也可以热情相助，以图回报。前者眼光短浅，后者眼光远大。假如一个处于穷困潦倒的人受到你的帮助，他在成功的时候，最容易记住和报答的就是你。胡雪岩把这种"雪中送炭"的方法，演绎成了"烧冷灶"。这就是胡雪岩的高明之处。

胡雪岩资助王有龄正是"雪中送炭"。照胡雪岩的话说就是："我看你好比虎落平阳，英雄末路，心里有说不出的难过，一定要拉你一把，才睡得着觉。"另一处的记述讲得更明白。胡雪岩对王有龄说："吾尝读相人书，君骨相当贵，吾为东君收某500金在此，请收。"

"雪中送炭"的另一种情形是善结交下台人和失意文人。也许有人会有意去帮助未发迹之人，却很少有人看重已失势之人。胡雪岩并不是这样。宝森因为政绩平庸，被当时的四川巡抚丁宝桢以"才堪大用"的奏折形式，借朝廷之手体面地把他请出了四川。宝森闲居在京，每日呼朋唤友，饮酒品茶泡赌场，表面上很是悠闲，其实心中甚感落寞。胡雪岩就特意拜访，劝说他到上海一游，费用全部由胡雪岩包了。宝森因为旗人身份限制，在京城玩得实在不过瘾，就随了胡雪岩去游上海，逛杭州，游山玩水，甚是痛快，遂把胡雪岩视为密友，以后每遇大事，必自告奋勇，帮助胡雪岩在京城通融一番。

阜康钱庄刚开业，胡雪岩就遇到了这样一件事：浙江藩司麟桂捎了

个信来，想找阜康钱庄暂借20000两银子，胡雪岩对麟桂也只是听说而已，平时没有交往，更何况胡雪岩听官府里的知情人士说，麟桂马上就要调离浙江。而此时的阜康刚刚开业，包括同业庆贺送来的"堆花"也不过只有40000两现银。

这一下可让胡雪岩左右为难了，如果借了，人家一跑，岂不是拿钱往水里扔？即使人家不赖账，像胡雪岩这样的人，也不可能天天跑到人家官府去逼债。20000两银子，对阜康来说也是一个不小的损失。

俗话说，"人在人情在，人去人情坏"，一般钱庄的普通老板大约会打马虎眼，阳奉阴违一番，四两拨千斤，几句空话应付过去，不是说"小号本小利薄，无力担此大任"，就是说"创业未久，根基浮动，委实调度不动"；或者，就算肯出钱救麟桂之急，也是利上加利，活生生把那麟桂剥掉几层皮。

但胡雪岩的想法却是：假如在人家困难的时候，帮着解了围，人家自然不会忘记，何愁50000两银子拿不回来？据知情人士讲，麟桂这个人也不是那种欠债不还、死皮赖脸的人，现在他要调任，急需一笔钱来填补亏空。

想明白后，胡雪岩决定"雪中送炭"。他不惜动用钱庄的"堆花"款项以超低利率，悉数把钱贷给麟桂。这样做，钱庄档手刘庆生有些不解，胡雪岩则说："调度，调度，做生意讲究的就是调度。所谓'调'，就是调得动，所谓'度'，就是预算。生意要做得活络，有进有出，什么时候有银子进来，什么银子该用出去，要有计划。银子调来调去，只要不穿帮崩盘就可以。"

## 戒律七　欲成大事需慷慨，难舍孩子怎套狼

胡雪岩这一宝，算是押对了。麟桂在临走前，送了阜康钱庄三样礼物：

（1）找到名目，奏请朝廷户部明令褒扬阜康。这等于是给阜康发了个正字标记，不但在浙江提高阜康名声，将来京里户部和浙江省之间的公款往来，也委托阜康办理汇兑。

（2）浙江省额外增收，支援江苏省戡剿太平天国的"协饷"，也委由阜康办理汇兑。

（3）将来江苏省与浙江省公款往来，也归阜康经手。

这样的一招"烧冷灶"，使得胡雪岩的阜康钱庄不仅不愁没有生意做，还将生意做到了上海和江苏去。"烧冷灶"的利益回报，一下就显出来。

胡雪岩不仅给地方官"雪中送炭"，甚至给朝廷"雪中送炭"。话说胡雪岩开设阜康钱庄未久，朝廷军兴，急需资金，因而户部（也就是清廷的财政部）发行官票。

表面上，朝廷规定"愿将官票兑换为银票，与银一律"，但是，倘若朝廷节制，官票适度发行，倒还罢了；如果官票无限制滥发，则现银有限，官票无数，届时官票必然大幅贬值。

清廷户部十分狡猾，通令各省布政使司衙门（也就是省库），每省吃下官票若干，然后，再由各省布政使司衙门，通令省内钱庄或票号等民间金融机构，强制分摊，全数吃下官票。也就是说，朝廷凭空发行纸钞（亦即官票），强制兑换民间现银。

可以讲，正常人对这种做法无不忧心忡忡，深恐将来票多银少，自己吃亏。杭州城里大大小小钱庄业者无不哭丧着脸，大伙在钱庄公会里

开会，讨论对策。那次同业聚会，胡雪岩没有参加，但他事前明白告诉阜康钱庄档手刘庆生："我们现在做生意，就是要帮官军打胜仗。只要能帮官军打胜仗的生意，我们都要做，哪怕是赔钱生意，照样要做。这不是亏本，是提前放资本下去。有朝一日官军打了胜仗，天下一太平，到时候什么生意不好做？那时候，我们是出过力的，公家自然会报答我们，做生意处处会给予方便。"

正因为胡雪岩如此指示，刘庆生在杭州城钱庄公会中，抢先吃下额度为15000两的现银，兑换"官票"。事实证明了胡雪岩的正确。清廷打败太平军后，因为阜康率先承销官票有功，特地下旨褒奖，于是阜康名震京城。

胡雪岩善于拉拢一些失意的官僚文人充当谋士，颇有孟尝君遗风，许乃钊为其一。胡雪岩对他执礼甚恭，专门去函，盛赞他的政绩政声，然后历诉浙江民众疾苦，以及当时面临的各种窘境，表现出虚心求教的样子。许乃钊为其所感，忠心耿耿为其服务而不自觉。当然，胡雪岩少不了暗中给许乃钊打打牙祭，让许有知遇之感。又比如落魄文人裘丰言，胡雪岩逢节必送礼金，使裘丰言十分感激。正因为如此，时人盛赞其有"春秋"策上风度。

当然，"雪中送炭"也不是逢人便雪中送炭，而是放出眼光，择其有资望者，或将来必有起用之日者，殷勤结纳，时相探望，慰其寂寥，解其困难，使彼心中感动，当你是"雪中送炭"的君子。有朝一日，先前的投资，便可大获厚利了。

患难见真情，胡雪岩屡出义举，也许并非源于本性，更重要的是他

## 戒律七　欲成大事需慷慨，难舍孩子怎套狼

深知"雪中送炭"的作用，明白先给别人面子，然后再从别人那里要面子的道理。

遗憾的是，现实生活中有些人，总是希望自己能占便宜，总想从别人那里得到些利益，世上哪有这样的好事？正所谓"将欲取之，必先予之"，你想从别人那里得到什么，就必须在某一方面有所付出。不过这"予"，也要"予"得有"技巧"。

我们知道，宋江论文不及吴用、卢俊义等人，论武更不可与林冲、秦明、关胜、武松等人相提并论。但他为何能受到梁山众好汉的推崇，稳坐在第一把交椅之上？其实，这完全要得益于宋江会"予"。宋江有个外号叫"及时雨"，他之所以得此名，是因为他常在英雄好汉们受困之际，适时伸手援助，令对方顿生"久旱逢甘霖"之感。于是乎，宋江在江湖上声名大噪，就连梁山那性格不一、脾气暴躁的107个草莽英雄，都甘愿受他驱使，唯他马首是瞻。

俗话说，"一个篱笆三根桩，一个好汉三个帮"。你拉着我的手，我拉着他的手，他拉着你的手，这个世界就属于你我他大家的了。

我们在日常生活中，亦常见到有人受困，这时我们若能瞅准时机，在对方最需要帮助的时候，扮演"关键先生"的角色，"及时予"，对方一定会对你的恩情须臾不忘，并力图竭力报答你的"大恩大德"。

---

帮助别人，不要居功自傲。帮助时应注意：不要使对方觉得接受你的帮助是一种负担；帮助要做得自然得体，也就是说在当时对方或许无法强烈地感受到，但是日子越久越体会到你对他的

关心，能够做到这一点是最理想的；帮忙时要高高兴兴，不可以心不甘、情不愿的。如果你在帮忙的时候，觉得很勉强，意识里存在着"这是为对方而做"的观念，假如对方对你的帮助毫无反应，你一定大为生气，认为"我这样辛苦地帮你，你还不知感激，太不识好歹了"！如此态度甚至想法不要有。

## 戒律八

# 事临头有谋有断，多犹疑难成大器

> 富贵偏宜险中求！经商、做事若总是瞻前顾后、犹疑不决，再多的机遇都会被白白浪费掉！但是，这并不意味着就可以冒失轻进、横冲直撞，如此一来，其结果将会更可怕！于是问题出现了：如何去把握这个度？这一点胡雪岩为我们做出了很好的诠释，那就是：将谋与断合而为一；未雨绸缪，不忘留下后路。

## 多算胜少算则不胜，善谋善断合而为一

决策、决策，一要能决断，二要懂策略。也就是说，正确的决策不仅要求你决定做或者不做，更重要的是要讲究策略，研究怎么去做。善

谋善断者如胡雪岩，实乃人中之龙，气魄恢宏，这样的人或许会大起大落，但总给人一种豪气直冲九霄的震撼。

倘若一个人做事总是太过拖沓，那么是很难有所建树的。正所谓"机不可失，时不再来"，这是任何人都明白的道理，但是总有一些人在面对机会时犹豫不决，让机会白白地错过，仿佛在等待"最好的时机"。他们天天在考虑、在分析、在迟疑、在判断，迟迟下不了决心，总是优柔寡断；好不容易做了决定之后，又时常更改，不知道自己要的是什么，抓怕死，放怕飞。终于决定实施了，他们第一件事就是拖拉、不行动，告诉自己"明天再说""以后再说""下次再做"，即使采取了行动也是"两天打鱼，三天晒网"。这样的人，会永远一事无成，终生与失败为伍。

"明日复明日，明日何其多？我生待明日，万事成蹉跎"。没有什么习惯能够比拖拉更使人懈怠。它会损坏人的性格，消磨人的意志，使你对自己越来越失去信心，怀疑自己的毅力，怀疑自己的目标，怀疑自己的能力，从而让人变得一事无成。它还是人生的最大杀手，让人在生活和工作中忙乱不堪，让人失去与他人合作的机遇，更让人失去在工作和事业上成功的机会，从而让失败一直伴随着自己，让自己一事无成。

一件事情想到了就要赶快去做，千万不要犹豫不定，如果什么事情都要想到百分之百再去做的话，那么你就要落于人后了。有些事，并不是我们不能做，而是我们不想做。只要我们肯再多付出一分心力和时间，就会发现，自己实在有许多未曾使用的潜在的本领。

要使做事有效率，最好的办法是尽管去做，边做边想。养成习惯之后，你会发现自己随时都有新的成绩：问题随手解决，事务即可办妥。

## 戒律八　事临头有谋有断，多犹疑难成大器

这种爽快的感觉，会使你觉得生活充实，因而心情爽快。

人生匆匆数十载，我们有太多的事情需要去尝试，犹豫只会为人生平添遗憾。将犹豫从你的生命中挪开，想做的事情就趁早去做，这样你才能拥有一个无悔的人生。

事实上，对于想要成功的人而言，每一次机遇都是一笔财富。怎样获取机会呢？一般来讲，具有果断性格的人，才能像猎豹一样抓住机遇。这种本领不是一朝一夕训练出来的，而是在长期历练中浸泡出来的。凡是那些让机遇从手指缝中漏掉的人，只能羡慕别人心灵手巧、反应迅速。这是一种在人生场上百战不胜的最大性格弱点。一句话，凡是成功的人都必须具有猎豹的性格，见到机遇，犹如扑食般冲上去。

然而，那些惯于冒险的人，性格往往过于张狂，这不是成熟之人的所为。但是并不是所有的冒险都不可取，这就需要把胆大与心细合而为一。生意场上，充满了搏杀，也充满了凶险，往往一招不慎，满盘皆输。而且生意越大越难以照应，也就越容易出现疏忽。因此，胡雪岩认为，驰骋于生意场上，不能恃强斗狠，也不能大意粗心。一事当前要谋定而后动，未雨绸缪，这一点无论我们是否身在生意场上，都一定要记取。

胡雪岩经商，以性格果敢而著称，他最忌讳优柔寡断，本来一下可以拿准的事情，却摆弄来摆弄去，一直拖延下去，结果把好机遇都拱手让给了别人。这是经商最致命的弱点。与此相反，聪明的商人都知道机不可失，时不再来，总会从各种信息中打捞商机，然后立竿见影。这种果敢的性格是胡雪岩经商取胜的法宝。

杭州被太平军团团包围，王有龄遵地方官"守土有责"的惯例，率

杭州军民坚守孤城，终至粮草尽罄，断粮达一月之久，连药材南货，比如熟地、黄精、枣栗、海参之类，都拿来做了充饥之物，再后来就是吃糠、吃皮箱、吃草根树皮，最后已经到了割尸肉充饥的地步。胡雪岩冒死出城，到上海买得10000石救命粮，运至杭州城外的钱塘江面，无奈进城通道已经完全断绝，城内城外相望而无法相通。

在经历了3天度日如年、寝食俱废的等待之后，胡雪岩终于同意让陪他一起到杭州送粮的萧家骥冒险进城，向城中通个消息，并商量一下，看看能不能找到将粮食抢进城中的办法。萧家骥出发之前，胡雪岩问他如何到对岸，如何进得杭州城去，遇到敌、我双方的人又如何应对。对于这些至关重要的问题，萧家骥其实想都没想。以他的意思，这种情况下，原本只能见机行事碰运气。胡雪岩不同意只是去见机行事碰运气，为他筹划了细致的应对方案，才放他出发。胡雪岩说："这时候做事，不能说碰运气，要想停当了再动手。"他这里说的"这时候"，自然不是指商事运作的时候。不过，他所说的危急时刻"不能说碰运气，要想停当了再动手"，其中包含的道理，用于商事运作却也是极为恰当的。其实，做生意许多时候遇到的情况与萧家骥此时冒险进城也非常相似：救命大米费尽辛苦已经运到城外，绝没有无果而返的道理。而要事情有一个结果，就必须冒这一次险。当时的情形是，城外的人对城内的情况一无所知，城外有重重围兵，抓住想要与城中守军互通消息的人，一定会予以重罚，弄不好还会杀头。而被围的人此时实际上也已成惊弓之鸟，萧家骥在城中没有一个认识的人，加以这个时候又不能写一个能够证明他身份的文书信函之类的东西带在身边，进得城去也有可能被当成奸细。也就是说，无论是落入围兵之手，还是进得城去，应对稍有差池，都会性命不保，更不用说完成此行的任务了。萧家骥此行，实在吉凶难卜，最后结果只能等到最后才能见分晓。

生意场上何尝不是如此！做生意许多时候也必须冒险，要赚大钱常常还要冒大风险。比如大着胆子投资一桩生意，这笔钱投下去，究竟是带来大笔的进账，还是血本无归，总是很难预先清清楚楚地知道，必须等到最后才能见分晓。有时即使你做了周密的论证，似乎不会出太大的问题，但实际运作起来，结果却完全不是想象的那么回事。人们常常用战场比喻商场，把冒险投资比喻为"押一宝"，就在于它们之间确实是十分相似。战场、赌场、商场，它们都瞬息万变、险象环生且吉凶难卜，往往就因一招不慎而满盘皆输。一桩生意的疏忽常常还不仅仅是一桩生意的失败，而是牵一发而动全身，导致全面崩溃。比如胡雪岩对自己钱庄和典当生意的失察疏忽，导致的后果就是一动而全动，一倒而全倒，终致无救。

所以，一个在商战中纵横搏杀的人，必须时刻注意既要胆大还要心细，必须时刻注意提醒自己，要谋而后动，"想妥当了再动手"。

胡雪岩第一桩生丝生意的运作成功，就可以说是事缓则圆、在等待中寻找战机得以成功的范例。胡雪岩在湖州收到新丝运到上海，并没有急于脱手。就他当时的状况而言，他是应该尽快脱货求现的，因为他的钱庄刚刚开张不久，并没有多少可以周转的资金。但他仍然将这批生丝囤积起来。他没有将这批生丝马上脱手的原因，除了洋商开价不够理想之外，更重要的是他要联合同业控制洋庄市场的条件还没有成熟，他运到上海的生丝数量很少，实力还不足以与洋商讨价还价，他必须联合同业才能与洋商抗衡。因此，即使自己暂时压下一笔资金，他也不愿意让自己的筹划落空。他要等待，用他的话说，就是"事缓则圆，不必急在一时"。生丝运到上海之后，他一方面请新结识的古应春加紧和洋商谈判，一方面由刘不才出面拉拢庞二，做联络同行的工作，他自己还利用这"闲暇"的机会，管了为漕帮调解纠纷和撮合古应春与七姑奶奶婚事这两件闲事。同时，他还抓住时机，贩运了一趟军火。

到这一年年底至第二年年初，已与上海丝商大户庞二结成联盟，散户控制也已见成效，洋商开价也开始松动，但胡雪岩还是没有急于将自己已经收购的生丝脱手。这一次的主要原因是，在胡雪岩看来，洋商开价还不够理想。先前，为集结散户、说服大家一致行动，胡雪岩说过，只要团结一致，迫使洋人就范，大家必可大获其利。如果此时按洋人开出的价格脱手，这就成了一句空话，受到大家的责难事小，影响以后控制市场的计划事大。就这样，胡雪岩的第一批生丝直到第二年新丝快要上市，洋人因朝廷决定将要设立内地海关，增加茧捐，为情势所迫不得不低头，开出了双方都可以接受的价格之后，才最后脱手，一批生丝净赚了18万两银子。

在人生的经营中，掌握主动性自然是非常重要的。聪明人必然懂得从不同的角度来利用已有的条件，甚至要善于在各种因素不利于自己的时候，设法改变不利因素，使之对自己有利。这就是我们常说的所谓创造条件。

不过，其实成功所需要的各种条件，有些是可以创造的。比如胡雪

## 戒律八　事临头有谋有断，多犹疑难成大器

岩要控制洋庄市场必须有的联络同行的条件，就可以通过自己的努力来创造，但有些却往往是人力无法创造的。比如在大多数情况下，政局的变化、市场的整体格局，就并不是一个或几个人所能决定的。这时候所能做的，往往也只能是等待。胆大心细，谋定而后动，这便是胡雪岩成功的一大诀窍。

生活中不乏这样一些人，他们在解决某些问题时，要么犹犹豫豫、畏首畏尾，要么不管不顾、冒冒失失，其结果呢？不是让大好的机遇白白溜走，就是有失稳妥而将事情搞砸。这两种人显然都是很难接近成功的。

正所谓"当断不断，反受其乱"。决策是不能一拖再拖的，而是需要在有效的时间、地点内完成的。否则，正确的决策一旦错过了时机，就会成为错误的方案。要知道，凡是有志于成功的人，都会碰到关键的时刻，在这个时候，不能退缩，不能无主见，要敢于拍板拿主意，此时需要人有非凡的决策能力。

但同时也要注意，问题的各个方面都千丝万缕地联系在一起，牵一发而动全身，任何一个事物的变化都会引起一连串的连锁反应，一个决策的失误也必然会引起一连串的严重后果。

所以，做事就要三思而行，谋定后动，这样就可以避免很多麻烦，也可以少走一些冤枉路。须知，选择正确，才能从容不迫、做得正确。也就是说，我们在做任何事情时，首先一定要安排周密，当确定无误以后，就果断地去做，如此不但不会错失机遇，又能应付自如，不会手忙脚乱，便可像谢安一样，在淝水之战的关键时刻，还保有下棋的闲情逸

致；才能拥有"泰山崩于前而色不变、麋鹿兴于左而目不瞬"的沉稳。

所谓"不谋全局者不足以谋一域，不谋万世者不足以谋一时"。人活着，不论是生活还是工作上，都会不断遇到新问题。在处理问题时，如果凡事不先动脑筋想一想，在没有充分考虑有利条件和不利条件的情况下就莽撞行事，必然碰壁，遭遇挫折，甚至留下后患。而如能事先全面考量，做到心中有数，计划周全，就能完美解决问题。所以说，做人要懂得谋与断。

善谋之人，总是能对事物本质了然于心，从而有效地减低生存风险。他们如同细心的耕耘者，无论是在生活上还是事业中，总能以其睿智的头脑和稳健的性格将事情办得有条有理。

善断之人，容易在任何环境中脱颖而出，即便人生路上障碍重重，他们也能开辟出一片天地。这样的人，无论身处哪一领域都会是个优秀的领导者。

做人，若是能将善谋与善断合而为一，想必离成功已然不远。

---

《孙子兵法》中有句箴言："多算胜，少算不胜，而况于无算乎？"是的，在人生的关键时刻，我们必须先在头脑中谋算清楚才好出手，切忌盲目冲动，不可毫无计划地蛮干。不过，多算不等于寡断，要想成功，就必须培养自己敏捷的思维以及当机立断的决策能力。只有善于谋断才能在复杂多变的情况下，应付自如。

---

## 妥善做事有进有退，一招不慎满盘皆输

人无远虑，必有近忧，做人不能只看眼前，尤其是在瞬息万变的生意场上，一招不慎，便有可能满盘皆输。基于此，胡雪岩虽不惧冒险，但也谨慎得很，他时时为自己做着应变的准备。

人有必要学会给自己留一条退路。破釜沉舟、背水一战、置之死地而后生并不是适合所有人的。

一个人思考问题，处理事情，不但要顾及眼前，并且还要考虑到长远。只有这样，才能安排协调好方方面面的关系，不致出现各种意想不到的困扰。否则冒冒失失，顾头不顾尾，说不定忧患就会一夜之间来到你的面前。做任何一件事情，没有一个长远和近期的通盘性考虑是不行的。

在现实生活中，努力培养自己的忧患意识，提高自己对事物发展的把握能力，是很有必要的。因为生活每天都在进行，我们身处的环境也在发生着日新月异的变化，我们也应该积极地面对这种变化，开拓思路，避开隐藏于暗中的危机，以获得更大成功。

胡雪岩有着非常灵活的手腕，并且长于变通。胡雪岩曾说："犯法的事，我们不做。不过，朝廷王法是有板有眼的东西，他怎么说，我们怎么做，这就是守法。他没有说，我们就可以照我们自己的意思做，否则就无退路。"

钱庄做的本来就是以钱生钱的生意。不用说，胡雪岩与张胖子筹划

的吸收太平军逃亡兵将的私财，向得补升迁的官员和逃难到上海的乡绅放款的"买卖"，的确是一桩无本万利的好买卖。得来的存款不需付利息，而放出去的款子却一定会有进账，岂不就是无本万利？

可是张胖子不敢做这笔生意。张胖子有张胖子的道理，他认为，按胡雪岩的做法，虽不害人，但却违法，因为太平军兵将的私财，按朝廷的说法无论如何应该算是"逆产"，本来在朝廷追缴之列，接受"逆产"代为隐匿，可不就是公然违法？

然而胡雪岩却不这样看。胡雪岩也有胡雪岩的道理。在他看来，犯法的事情自然是不能做的，但做生意要知道灵活变通，要能在可以利用的地方待机腾挪。比如朝廷的王法本来是有板有眼的东西，朝廷律例怎么说，我就怎么做，不越雷池一步，这就是守法。而朝廷律例没有说的，我就可以按我的意思去做，王法上没有规定我不能做，我做了也不能算我违法。他的意思很清楚，不能替"逆贼"隐匿私产，自然有律例定规，做了就是违法。但太平军逃亡兵将绝不会明目张胆以真名实姓来存款，必然是化名存款的。朝廷律例并没有规定钱庄不能接受别人的化名存款，谁又能知道他的身份？既然不知道他的身份，又哪里谈得上违法不违法呢？

胡雪岩在他的生意由创业而至鼎盛的过程中，每桩生意的运作，就都既敢于冒险，也特别注意为自己留"后路"。

比如钱庄生意主要是通过兑进兑出来赚钱。兑进，自然是吸收存款以做资本，而兑出则是放款。兑出是赚借贷人的利息，自然是利息越高越好，兑进要付出利息，自然是越低越好，最好是不付利息。表面看来

## 戒律八　事临头有谋有断，多犹疑难成大器

这种生意只要把握时机，随银价的起落浮动调整好兑进兑出的利率，就可以稳稳当当坐收渔利。这种将本求利，平平淡淡的运作方式当然也可以，但终归不是做钱庄生意的"大手笔"。而要做出"大手笔"，兑进兑出都会有风险。

从兑出说，放出的款要高利收回，就要找大主顾。大主顾做大生意要大本钱，能有大利润也就不在乎借款利率的高低，向这样的主顾放款，自然收回的利也就高。但借贷者的生意获利越大，所担风险也大，款放给他们，自己也要担风险。万一对方生意失手，血本无归，自己放出去的款也就可能无法收回，一笔放款也就等于放"倒"了。比如在朝廷与太平军交战的兵荒马乱年月米商借款贩运粮食，获利就极大。获利极大，风险也极大，放款给他们就不能不考虑考虑。

从兑进说，当然最好是有储户存款不要利息。这种情况不是没有，但有些可以不担太大的风险，比如胡雪岩代理官库；有些则会担很大风险，比如太平天国失败之际，接受太平军逃亡兵将隐匿私财的存款，太平天国被镇压之后，朝廷自然要追捕"逆贼"，按惯例也必然要抄没他们的家产。万一追查"逆产"到钱庄，钱庄不能够不报不缴，还有可能被以"助逆"治罪。如果被捕的太平军兵将遇赦开释，来钱庄要取回自己的存款，按规矩钱庄必须照付，这样一来也就必然要鸡飞蛋打吃"倒账"了。

兑进兑出都有风险，也就都要事先想好退路。向在兵荒马乱年月贩运粮食的米商放款，胡雪岩自然也做，但他确定了一个原则，那就是要先弄清楚，他的米要运到什么地方去。运到官军占领的地方，可以放款

给他，但要是运到有太平军的地方去，就不能放款给他。这就是为自己留下退路。因为放款让对方运米到官军占领的地方，万一放倒，别人可以原谅，自己不至于名利两失，还留有重新来过的余地，而如果放款让对方将米运到有太平军的地方，万一放倒，别人会说你帮"长毛"，吃"倒账"活该，那可就一点退路都没有了。胡雪岩也做了从太平军逃亡兵将那里"兑进"的生意，做这生意时，他也想好了退路，那就是万一官府追查，自己也有话可以对付："他来存款时隐匿了身份，头上又没有'我是太平军'的标志，我哪里知道他是逃亡兵将？"这样至少可以开脱自己，不至于走上连坐治罪的绝路。

胡雪岩一事当前总是很注意未雨绸缪，为自己留退路的。可惜的是，到他的后期，他在一些很大的事情上，却一方面由于客观情势的限制，一方面由于他管的事情太多而疏忽，也更由于他自恃实力雄厚，反而把这一条驰骋商场必有的原则忽略了，以至于最后在挤兑风潮来到之时，终因无救而彻底崩溃。

比如胡雪岩在为左宗棠西征筹饷而向洋行借债，具体运作上就没有为自己留好退路。为筹饷而向洋人借债实际是很不合算的事情，洋人课以重利，本就息耗太重，而此项借款又不是商款，可以楚弓楚得，牟利补偿。但左宗棠为自己西征得功，却志在必成。光绪四年，他要胡雪岩出面邀集商贾，同时向英国汇丰银行借款，华、洋两面共借得商款达650万两用于西征粮饷。照左宗棠的计算，7年之中，陕甘可得协饷1880万两以上，以这笔饷款清偿洋债足够了。因协饷解到时间不一，因此要求不定还款期次。这只是他的一厢情愿，这笔借债实际定半年一个还款期次，6年还清。到左宗棠奉调入京之前，为了替后任刘锦棠筹划西征善后，左宗棠在近乎独断专行的情况下又借了汇丰银行招股贷款400万两。

借洋债用于军需粮饷，本来是国家的责任，但这两笔计1000多万两的债务风险，却都落在胡雪岩一个人身上。光绪四年左宗棠为借洋债上奏朝廷，一个月以后接到朝廷批复，批复上就说："借用商款，息银既重，各省关每年除划还本息外，京协各饷，更属无从筹措，本系万不得已之计。此次姑念左宗棠筹办军务，事在垂成，准照所议办理。嗣后无论何项急需，不得动辄息借商款，至贻后累。"此批复中所说"京协各饷"即"京饷"，是京内的各项开支。因你们息借商款，以至于京内各项开支都无从筹措，自然还款也就不能帮你们了。朝廷是一推六二五，对这笔借款采取了"概不负责"的态度。这样，借款的风险无形之中都加到了出面商借的胡雪岩一人肩上。因为虽然这两笔借款都由各省解陕的协饷还付，但协饷解到时间不能一定，而且原议解汇的协饷还有可能被取消。协饷不到，无法还款，洋行自然是找胡雪岩，而胡雪岩为了自己的信用，也必须尽力筹措还款。正常情况下，以胡雪岩的财力当然问题不大，但局势如果发生变化，后果必将不堪设想。

在乱世之中要以一人之力而担国家的债务，这是没有为自己绸缪计划。而在局势已经发生变化，上海市面已经极为萧条，市面存银仅百万两的情况下，特别是此时李鸿章要整掉胡雪岩的端倪已现，他又接受为左宗棠筹集近50万粮饷任务，更是没有为自己留下一点退路。而在这种情况下，胡雪岩还决心在生丝生意上与洋人一拼到底，"打得赢要打，打不赢也要打",不肯将囤积的丝、茧脱货求现,则是不仅不留退路,甚至是自己将自己的退路堵死而背水一战。这样,风波突起之时,除了破产查封清偿之外,别无他路。

"局势坏起来是蛮快的,现在不趁早想办法,等临时发觉不妙,就来不及补救了"。这其中的道理,胡雪岩自然是极懂得的,但具体做起来,就连胡雪岩如此精明的人,也不免失误,可见要真正善于未雨绸缪,也并不是一件简单的事情。

世上的路有千万条,但最痛苦的是没有退路。有些人勇往直前,直到摔进悬崖,才知犯下大错,可又有什么用呢?因此不论做人做事,都要有板有眼,这样才能给自己留下一条退路。

掌握与运用机变与权变之理,在任何时候都注意给自己留下退路,这是一个高明的商人每一次出击之前都深思熟虑的问题。

人的认识过程是无限的,但是人的认识能力却是有限的。正因为人的认识能力的局限性,才使得人们对事物的认识有限,使得人们考虑问题难以周全;另一方面,人在社会生活中的地位和处境是不断变化的,有些变化可以预见、可以把握,但更高更深的变化并非如此。因此,人在考虑问题时就应该多做几手准备,为自己留下退路。

生意场上瞬息万变,许多事情都难以预料,因此,再有本事、实力再强的人,都不敢说自己做生意从不会失手。生意场上几乎没有生意是可以不冒任何风险的,获利多少与所冒风险的大小成正比,生意规模越大,获利越大,风险也就越大。

承担着风险,就要做好"万一出事"的思想准备,因此,一件事在投入运作之前,要想着为自己留下退路。

我们做人做事,一定要给自己留下一条后路。譬如:话不要说太满,太满则易授人以口实;行动不要过激,过激则易招来最彻底的抵制等等。正所谓"天有不测风云,人有旦夕祸福",想要成就大事,就要对有可能出现的"变故"做好应对准备,以防患于未然。

胡雪岩经商十二条戒律

## 怀大志眼观天下,视界低真没出息

> 心的格局有多大,人生的场面就有多大。碌碌无为是一生,精彩纷呈也是一生,关键还是看你想做什么样的人,想拥有怎样的人生!胡雪岩要的是成大气候,绝不是小打小闹。他有着做大商人的心态,所以彻底摆脱了小商人的命运。

### 做人需要有些自信,能力可以改变人生

没有大自信,何谈大作为?纵使命运不公,但若有顽强的毅力、强大的自信,就足以成为生活的强者!胡雪岩出身穷苦,起点亦低,但他从未曾自卑过。他完全相信,自己有能力去改变这一切。事实上,他真

的做到了!

人有大自信才会有大志向,才可能有大成功。与此相联系的,除立志自信之外,还要有认准方向就不避艰难、锲而不舍地干下去的决心和毅力。换句话说,也就是做事要有恒心,要有韧性。任何事要么不做,看准了,决定做而且开始做了,就一定要坚持不懈地做下去,一定要做出个样子来。这也是一个渴望有大成功的人必备的素质之一。

经商总会遇到沟沟坎坎,不小心就会摔一个大跟头,甚至有些人摔得体无完肤。尽管生意场上没有常胜将军,但是少失败几次是每一个商人的梦想。这就需要商人必须有爬坡性格——在顺境中不下滑,在逆境中敢迎上,始终把自己摆在一个较量的位置上。这种爬坡性格是那些成就一生财富的大商人突出的特点。

胡雪岩是一个惯于爬坡的人,他不惧怕任何困境,敢于迎战一切难题。他能像一台不停旋转的机器,不断地榨出智慧,去超越自己,把自己逐步推上一个个成功的台阶。胡雪岩的这种爬坡性格,是成就他成为"红顶商人"的保证。在胡雪岩看来,在经商之路上,会时常碰到这种决一死战的时候,不进则退,退到无路可走。因此,你如果把爬坡视为一种自我挑战,就会渡过难关。

在爬坡的过程中,没有自信的性格,要想打开成功的局面,将难于上青天。成功的大商人在掌控商道的过程中,都是有自信的人,都刻意塑造自己的形象,都是靠实力证明自己的才能。一个人活在世上,就要在关键场合显得自信,才能让人佩服。这是胡雪岩要做一流大商贾的性格特点。

胡雪岩认为,一个商人为什么立志?因为你要去争面子,求成功,这是人的本性。一个生意人应该立志成为大商贾,才能成大事。

胡雪岩有句名言:"立志在我,成事在人。"这与带有宿命论色彩的"谋事在人,成事在天"有本质的区别,一个成功的商人必然有"立志在我,成事在人"的大自信。胡雪岩正是具备了这种非凡的自信。

胡雪岩创办阜康钱庄,从外部环境来说,当时由于太平天国起义,国家正处于战乱之中,而且太平天国活动的主要区域,也正是长江中下游地区的东南一带。而当时国内的金融业主要还是山西票号的天下,在东南地区后起的宁绍帮、镇江帮经营的钱庄业,无论是业务经营范围,还是在商界的影响,都远逊于山西票号。

从自身条件看,胡雪岩此时除了在钱庄学徒的经验外,实际上是一无所有。但他踏入商界之初第一件为自己考虑的事情就是创办自己的钱庄——即使此时还是两手空空,也要热热闹闹先把招牌打出去。此时的胡雪岩所凭借的也就是他的那份大自信。他相信凭借自己钱庄学徒的经验,凭自己对于世事人情的了解,凭自己精到的眼光和过人的手腕,当然也凭借已入官场可做靠山的王有龄的帮助,他足以支撑起一个第一流的、可以与山西票号分庭抗礼的钱庄。就凭着这股子自信,他的阜康钱庄说办就办起来了。

再比如在他的生意面临全面倒闭的最危急的时刻,他也决不肯做坑害客户隐匿私产"拆烂污"的事情。他相信自己虽败不倒。胡雪岩曾经豪迈地说过:"我是一双空手起来的,到头来仍旧一双空手,不输啥!不仅不输,吃过、用过、阔过,都是赚头。只要我不死,我照样一双空手再翻过来。"这更是一种能成大事者的大自信!

一个有大成就者必须具有这样的大自信。当然,我们并不能以为只要有了自信就一定能够成功,有大自信就必定有大成功。能不能真正获得成功,确实还需要许多方面的条件,比如主体是否真正具备能成就大成功的能力,比如是否具备某种必不可少的成就一番事业的客观情势,也就是人们通常所说的地利、天时或时势、机遇。但是,不可否认,有没有相信自己能够成就一番事业的自信,无论如何也是一个人能否成就一番事业的必不可少的前提条件。

在胡雪岩看来,古往今来,凡是想成大事、能成大事者,都有大自信,所谓"当今之世,舍我其谁""天生我材必有用""人所具有的我都具有""会当水击三千里,自信人生二百年",这些名言展示的都是有大成就者的豪迈胸怀。

胡雪岩相信这样一句话:自信方能自强。能自信,才能有知难而进的斗士勇气,才能有临渊不惊、临危不惧的英雄本色。说到底,一个人的自信心,实际上是他能为某个高远的人生目标发愤忘食、奋力拼搏的内在支撑。我们可以做一个假设,如果胡雪岩当初没有我们已经看到的那份自信,他也许根本就不会想到自己也能开钱庄,那他哪里还会有后来的巨大的成功,怎么能成为名震天下的"红顶商人"呢?

然而,这个世界上自卑者并不少见,他们习惯于妄自菲薄,总是感觉己不如人,这种情绪一直纠结于心,结果丧失了原有的人生乐趣,烦恼、忧愁、失落、焦虑纷沓而至;自卑者无论是对工作还是对生活,都提不起兴趣,他们万念俱灰,失去了斗志,失去了进取的勇气;自卑者

一旦遭遇挫折,更是怨天尤人、自怨自艾,一味抱怨命运的不公;自卑者格外敏感,缺乏宽广的胸怀,往往别人一个不经意的举动,就会戳伤他们的神经,以为别人在轻视自己、在侮辱自己。遗憾的是,他们从未仔细想想:"你都看不起自己,为何还要要求别人高看你?"

也许很多人会说:"我相信自己!"那么是真的相信自己吗?当困难、挫折、讽刺、白眼接踵而至之时,真的能够做到无动于衷、固守着心中的自信吗?事实上,很多人都做不到。

记住!一个人可以犯错误,但绝不能丧失自信、丧失自尊。因为唯有自信者才能捍卫自己的尊严;唯有自信者的人生阵地才不会陷落;唯有自信者才能披荆斩棘、冲破重重障碍,最终摘得胜利的甘果。

有诗云:"宝剑锋从磨砺出,梅花香自苦寒来。"以往的挫折,更应该是一种历练。面对挫折,更应该把握好方向,绝不能让不良情绪将自己重重包围,只有这样,人生才有希望。

所谓"物竞天择,适者生存"。当遭遇挫折或失败以后,有时或许可以重塑自己的理想与目标,重拾信心,换一种方式让自己再站起来。

事实上,即便是那些成功者,或多或少也都经历过挫折与坎坷,只是他们懂得如何去面对,懂得如何去克服,所以他们成就了一番事业。自然,如果每个人都能如此,那么从某种意义上说,每个人都会是成功者。

---

战胜自卑的过程,其实就是磨炼心志、超越自我的过程。逆境之中,如果你一味抱怨命运,认为自己是最不幸的那一个,那

么你永远也无法解除自卑的诅咒。想要消除自卑，就要以一种客观、平和的心态看待自己，不要一直盯着自己的短处看，因为越是如此，自卑的阴影就会越为阴郁。想要战胜自卑，就不要理会别人的评价，只要认为自己没错，那就矢志不移地走下去。你要做的，是用自己的能力、用自己的信心证明给别人看："我是优秀的！"

## 胸怀大局审时度势，眼观六路耳听八方

命运与时势紧密相连，唯有胸怀大局观念、善于审时度势，才能挖掘出自己的全部潜力，成为命运的主宰。胡雪岩在他的鼎盛时期能纵横商场保持不败，很大程度上就在于他有于复杂局势中见出必不可易的大方向的过人眼光。

一项投资能否最终经营成自己的一道财源，要做出准确的判断，并非一件轻而易举的事。这其中的关键是要有全局判断的能力，要有能在整个局势的盘算中看出必不可易的大方向的眼光。能够"盘算整个局势"，能够看出整个局势发展的大方向，并知道如何"照这个方向去做"，才能使自己立于不败之地。这才叫看得准。

所以说，一个人不能没有大局观念，而应看准大局，做出一番大事。常言道："时势造英雄。"胡雪岩也说："做生意，把握时事大局是头等大

事。"没有相应的社会环境气候,就没有英雄成长的土壤和其他条件,真正的英雄人物必须能够驾驭时局,胡雪岩正是驾驭时局的典范。胡雪岩所处的时代为其成功奠定了一个前提环境。

胡雪岩生于1823年(道光三年),卒于1885年(光绪十一年),历经清代道光、咸丰、同治、光绪四朝,适逢一个新旧嬗变、纷繁复杂的大变动时代。

首先,国家内忧外患交相煎迫,国库极度虚乏,时势需要商人扶危纾难。

近代以前,华夏民族虽与周边异族几经逐鹿,但整个国家的生存、发展并未因此受到威胁,相反,在与异族的冲突中不断维护和扩大了大一统的局面。这使封建统治者滋长了文化优越感,故步自封。近世前期二三百年间,明清专制政权实行闭关和抑商政策,中国错过了从封建社会向资本主义社会过渡的有利时机。到18世纪末、19世纪初,进入"悲风骤至,日之将夕"(龚自珍语)的封建末世,与经过资产阶级革命和工业革命而国力大增的欧美资本主义国家相比,整整落伍了一个时代。

胡雪岩18岁那年,即1840年(道光二十年),鸦片战争爆发。大不列颠军队挟坚船利炮打败了中国装备落后的八旗、绿营,于1842年8月29日(道光二十二年七月二十四日)逼迫清政府签订中国近代第一个不平等条约中英《南京条约》,第二年,又订立中英《五口通商章程》和《五口通商附粘善后条款》(又称《虎门条约》)。通过这些条约、章程和条款,英国侵略者强占香港;勒索2100万元赔款(不包括600万元广州"赎城费");逼迫中国开放广州、福州、厦门、宁波、上海五口为商埠；规定"值百抽五"的低税率；还攫取了领事裁判权（又称治外法权，即外国人在华犯罪由本国处理，不受中国法律制裁）和片面最惠国待遇。继英国之后，美、法两国分别胁迫清政府签订中美《望厦条约》和中法《黄埔条约》，扩大领事裁判权的范围，并获得在通商口岸自由传教的特权。"墙倒众人推"，中国遭遇国难时，西方其他一些国家如葡萄牙、比利时、瑞典、挪威、荷兰、西班牙、普鲁士、丹麦等也乘虚而入，与英、法、美"共同分享"侵略特权。

此后的10年间，本来就深受封建统治之苦的百姓又加上了帝国主义压迫这一重负，生活境况更加恶化，纷纷铤而走险。仅《清实录》道光、咸丰两朝所载，1842～1852年，全国武装起义就有92起。1851年1月11日，广东花县（今花都区）人洪秀全，在广西桂平县（今桂平市）发动中国历史上最大的一次农民起义——太平天国革命运动。在不到3年的时间内，太平军势如破竹，先在永安建国，继而迅速挺进两湖，定都南京，接着又溯江西征，挥师北伐，在相当长时间内，占有大片地盘，与清廷分庭抗礼。在此期间，上海与福建的小刀会、两广天地会、红巾军、北方捻军、贵州苗民、云南彝民和回民、陕甘回民、山东白莲教、浙江天地会也纷纷举起反清大旗。

中国内战使列强有隙可乘，他们趁火打劫，先后迫使清政府签订《天津条约》和《北京条约》。经此变故，外来势力从沿海扩张到长江流域，从华南伸展到东北，中国的领海和内河主权、海关和贸易主权、司法主权受到侵害，特别是公使驻京一条，意味着官派入京的洋人再不是康乾盛世时行面君之礼的"贡使"，而是以条约为护符、恃武力为后盾的公使，这对以"万邦来朝"的"天朝大国"自居的清王朝不能不说是个致命的打击。

道光以后内战外祸的结果使社会生产力遭受严重破坏。

与此同时,全国各地的旱、涝、蝗、饥、疫等自然灾害也相当频繁;鸦片走私、战争赔款、内战军费加之各地官员贪污成风,使得清政府财政状况极端恶化。

国库罄悬必使百业受困。19世纪中下叶正是举办洋务、筹边固防之时,常有请款之奏,而清政府财政捉襟见肘。任何一个政权都需要物质基础做统治基础,晚清财政的窘态为拥有殷实资本的商人介入国事提供了客观前提。

其次,商品经济发展和欧潮澎湃东来冲击着传统的农本商末观念,为商人施展抱负创造了较为宽松的氛围。

中国封建社会大一统的专制政权是建立在小农经济基础之上的,这一本质决定了封建政府对极易引起人口流动、破坏小农经济稳定性的商品经济采取苛刻的态度,奉行以农稼为本、以工商为末的政策。

自汉朝以来,即有轻商的传统,以后各朝均奉行不变。传统的崇农抑商的政策和儒家"不患寡而患不均"的教化,导致了"商为末业""商人为四民之末"的观念深入人心,无论政府立国施政还是民间世俗生活一直被"末修则民淫,本修则民悫"的原则所左右。

但是,商品作为一种特定的社会经济载体,起着沟通人与人之间、地区与地区之间联系的纽带作用。社会发展需要商品经济,谁也无法回避这个客观事实。加上封建政权租赋仰给农田,往往竭泽而渔,导致种田勤苦而利薄，经商安逸而利厚，受实际功利的驱使，总有那么一批人会不顾政府的贬黜去闯荡商海，所以商品经济在封建高压下依然有缓慢的发展。到明朝中、后期，已在磨难中出现资本主义萌芽，中国封建社会母体内的变革因素已悄悄萌动。进入晚清，偏离传统轨道的进程因着鸦片战争的爆发而呈现跳跃式的轨迹。战后，由于门户洞开，各国大量输销工业品、掠夺农副产品和工业原料，中国被迫卷入世界市场，男耕女织的自然经济结构首先在东南沿海和长江流域受到冲击。第二次鸦片战争以后，列强通过控制海关、航运、财政、金融等经济枢纽，把经济活动拓展到中国广大腹地，并深入穷乡僻壤，从而进一步加速了中国封建经济的解体。19世纪60年代以后，中国举办洋务新政，开办一批近代军事、民用工业，这就促使传统的以手工劳动为基础的自然经济向以大机器生产为基础的社会化商品经济过渡，社会出现力田稀、服贾繁的局面。

此外，晚清以来，西方物质文明、生活习俗、自然科学和社会科学知识通过洋货输入、传教布道、租界展示、出洋考察和大众传播等各种渠道传入中国，这至少从以下两个方面对中国产生了潜移默化的影响。

一方面，欧潮东渐与商品经济联合冲击传统社会安贫乐道、黜奢尚俭的固有观念，致使去朴从艳、斗富竞奢成为愈演愈烈的社会时尚，因而导致了从商获利成了一种趋向。

另一方面，西学，即西方资产阶级民主主义文化，包括那时的社会科学和自然科学，广泛传入中国，伴随着民族危机日益加深，人们通过考察中西政教、探究强弱之本，越来越感到学习西方的必要，其中有一条即借鉴西方国家以商立国的经验。

人创造了环境，环境也造就了人。晚清的局面是胡雪岩游走商界的一个社会平台。但仅有这一条是不够的。重要的是，胡雪岩能在这个时代中把握变幻莫测的时事大局，这一点是胡雪岩成为商界巨子的重要因素。

胡雪岩驾驭时局，首先体现在与洋人打交道这件事情上。

随着交往的增多，他逐渐领悟到洋人也不过利之所趋，所以只可使由之，不可放纵之，最后发展到互惠互利，其间的过程都是一步一步变化的。

但胡雪岩的确有一种天然的优势，就是对整个时代的走向有先人一步的了解和把握，所以能先于别人筹划出应对措施。有了这一先机，胡雪岩就能开风气，占地利，享天时，逐一己之利。

当我们说胡雪岩对时势有一特殊驾驭本领时，我们的意思是，胡雪岩因为占了先机，故能够先人一招，从容应对。一旦和在纷乱时势中茫然无措的人们相比照，胡雪岩的优势便显现出来。

清朝发展到道、咸年间，旧的格局突然受到冲击。洋人的坚船利炮，让一个至尊无上的帝国突然大吃苦头，随之引起长达十几年的内乱。

这一突然变故，在封建官僚阶层引起分化。面对西方的冲击，官僚阶层起初均采取强硬措施，一致要维护帝国之尊严。随后，由于与西方接触层次的不同，引起了看法上的分歧。有一部分人看到了西方在实力上的强大，主张对外一律以安抚为主，务使处处谨慎讨好，让洋人找不到生事的借口。这一想法固然可爱，但又可怜可悲。因为欲加之罪，何患无辞，以为一味地安抚就可笼住洋人，无非是隔了一层的主观愿望。

另一部分人则坚持以理持家，对洋人采取强势态度，认为一个国家断不可有退缩怯让之心，免得洋人得寸进尺。这一派人以气节胜，但在实际事情上仍然难以行得通，因为中西实力差别太大，凡逢交战，吃亏的尽是老百姓。

这两路人都是站在帝国的立场上看洋人，所以可以说都是"隔"了一层的做法。

另外一部分人，因为和洋人打交道多，逐渐与洋人合为一家，一方面借了洋人讨一己私利，一方面借了洋人为中国做上一点好事。这一部分人就是早期的通事、买办商人以及与洋人交涉较多的沿海地区官僚。

对于洋人的不同理解，必然产生政治见解上的不同。与胡雪岩有关的，在早期，薛焕、何桂清、王有龄见解接近，持利用洋人的态度，这与曾国藩等的反感态度相对，形成两派在许多问题上的摩擦。利用洋人，这是薛、何、王的态度；表示担忧和反对，这是曾国藩的态度。胡雪岩因为投身王有龄门下，自己也深知洋人之船坚炮利，所以一直是薛、何、王立场的策划者、参与者，也是受惠者。

到了中期，曾国藩、左宗棠观点开始变化。左宗棠由开始的不理解到理解和欣赏，进而积极地要开风气之先，胡雪岩之洋人观得以有了依托。

基于这种考虑，胡雪岩从来都紧紧依靠官府。从王有龄始，运漕粮、办团练、收厘金、购军火，到薛焕、何桂清，筹划中外联合剿杀太平军，最后,还说动左宗棠,设置上海转运局,帮助他西北平叛成功。由于帮助官府有功,胡雪岩得以使自己的生意从南方做到北方,从钱庄做到药品,从杭州做到外国。官府承认了胡雪岩的选择和功绩,也为胡雪岩提供了他从事商业所必须具有的自由选择权。假如没有官府的层层放任和保护,在这样的一个封建帝国,胡雪岩处处受滞阻,他的商业投入也必然过大。而且由于投入太大和消耗太多,他的经营也不可能形成如此大的气候。

可以看出,胡雪岩对那个时代的时势时局有独到的把握和应对,这也直接决定着胡雪岩事业的巨大成功。

多数初出茅庐的年轻人在社会上往往会四处碰壁,很大一部分原因就是他们不懂得审时度势,不知道什么样的行为举止符合自己的身份,不知道什么时候该开口、什么时候该沉默,不知道什么时候该前进、什么时候该避让。当然,随着社会阅历的丰富,其中大多数人是能够历练出来的。但仍会有一部分人依旧头脑不够灵活、目光不够敏锐,缺乏对形势的准确把握,因而一直在逆境中挣扎。这种人,我们可以说他没有大局观。

大局观究竟会对我们的人生产生怎样的影响?大局观就是我们对于人生形势的一个基本判断,是对影响人生状况的各类因素的一个基本评估。我们知道,若想成功,就要寻找出时而出现的机遇,并选择最有胜算的去把握。如果机遇还未出现,就积极准备、积蓄力量,形势不明时不妄动,机遇来时便动若脱兔。显然,这一切都需要对内部条件及外部环境有一个准确的把握,如果不能做到心中有数,那么生命之舟时刻都有倾覆的可能。

也就是说，在社会上生存，我们必须练就从宏观上把握形势的能力，能够从整体上对客观形态进行分析，能够从不同角度、借助不同思维方式去阅读问题，从而找出办事的最有效方法。这是对于全局的一种把握，对于细节的一种掌控，它能够帮助我们在处理问题时随机应变，让人生之舟一帆风顺。

做人，若能统筹全局、审时度势，必能抓住机遇、突破逆境，驶向成功的彼岸；相反，若是木讷死板、不知变通，又如何在风云变幻的世界上昂首挺立、力主沉浮呢？所谓"天有不测风云"，人这一生变化万千，如果不懂得把握，又怎能保证自己不遭遇"滑铁卢"呢？

胡雪岩是很善于把握时势的，他一边想着自己如何做成事，一边想着自己如何做大事，将整个局势全部藏在心中，稳步前行。

---

对于我们而言，培养审时度势的能力，首先就要学会察言观色，懂得一点人生中的规则。这是我们迅速建立良好人脉的基础，当然也是为日后的成功打下根基。当你越来越成熟、处世越来越老练时，你便会感叹审时度势令自己是何等的受益匪浅。

---

## 做大事要有大气度，荣辱得失别放心头

人生难免遭遇不幸和烦恼的突袭，面对从天而降的灾难，处之泰然，

总能使开朗和智慧永驻心中。胡雪岩是个商人，当然有着商人以利为本的观念，但他却能做到荣辱不放心上、得失不记心头，这份胸怀着实让人敬佩。

荣辱不惊，保持平常心，是人生的一种境界，它不是平庸，它是来自灵魂深处的表白，是源于对现实清醒的认识。人生在世，不见得都会权倾四野和威风八面，也就是说最舒心的享受不一定是荣誉的满足，而是性情的安然与恬淡。因此说，荣辱不惊，用一颗平常心去对待、解析生活，就能领悟到生活的真谛。

《菜根谭》上说："此身常放在闲处，荣辱得失谁能差遣我；此身常放在静中，是非利害谁能瞒昧我。"意思是说，经常把自己的身心放在安闲的环境中，世间所有的荣华富贵和成败得失都无法左右我；经常把自己的身心放在安宁的环境中，人间的功名利禄和是是非非就不能欺骗蒙蔽我了。

身处逆境之时，若能依旧从容自若，便能以超然的心情看待苦乐年华，以平常的心情面对一切荣辱。平常心是一种人生的美丽，非淡泊无以明志，非宁静无以致远。处乱不惊，襟怀豁然的平常心态不仅给予人们一双潇洒和洞穿世事的眼睛，同时也使我们拥有一个坦然充实的人生。

成功时不心花怒放，莺歌燕舞，纵情狂笑，失败时也绝不愁眉紧锁，茶饭不思，夜不能寐。拥有了一颗平常心，就拥有了一种超然，一种豁达，故达观者宠亦泰然，辱亦淡然。成功了，向所有支持者和反对者致以满足的微笑；失败了，转过身揩干痛苦的泪水。

实际上，生活就如同弹琴，弦太松弹不出声音，弦太紧会断，保持

## 戒律九　怀大志眼观天下，视界低真没出息

平常心才是悟道之本。古今中外的大多数伟人，他们沉着冷静，遇事不慌，及时应变，正确判断所处局势，取得了令人瞩目的成就。一般来说，人们只要不是处在疯狂或激怒的状态下，都能够保持自制并做出正确的决定。荣辱不惊的情绪，不仅平时可以给生活带来幸福稳定和畅快，而且能在大难临头的时候，帮助你转危为安，逢凶化吉。

经商总要承受压力，遇到这种情况，胡雪岩该怎么办？一句话：要沉住气！"气，乃神也；气定，则心定，心定则事圆"。这句古训道出了一个人沉住气在事业中的重要作用。胡雪岩因此而受到启发，把"沉住气"作为自己生意场上的一个手段。他常说："千万要沉住气。今日之果，昨日之因，莫想过去，只看将来。今日之下如何，不要去管它，你只想着我今天做了些什么，该做些什么就是了。"

但现实生活中，人有时候很容易沉不住气，危机出现的时候容易沉不住气，事情太顺了也容易沉不住气。比如王有龄，进京捐官成功，由于有何桂清的保荐，回到杭州很快就得到了海运局坐办的实缺；而在胡雪岩的全力帮助下，涉及王有龄自己以及整个杭州官场人物前途的漕米解运的麻烦，也一举圆满解决。这个时候又恰逢湖州知府出缺。湖州为有名的生丝产地，丰饶富庶，是一个令许多人垂涎的地方。王有龄由于漕米解运的事，已经在杭州得了能员之称，这使他一下子又得了湖州知府的肥差。不仅如此，他还同时得到了兼领浙江海运局坐办的许可。一切如意，他实在是太顺利了。

如此顺利，使王有龄自己都不能相信自己的运气会如此之好。他对胡雪岩说："一年工夫不到，实在想不到有今日之下的局面。福者祸所倚，

我心里反倒有些嘀咕了。"还是胡雪岩大气得多。他对王有龄说："千万要沉住气。今日之果，昨日之因，莫想过去，只看将来。今日之下如何，不要去管它。你只想着我今天做了些什么，该做些什么就是了。"

胡雪岩的这番话，不外乎是说人要不为荣辱得失所动，不要过多地去想自己面对的得失，而应该把眼光往远处看，更注意该做必做的事情。这番话虽然是具体针对王有龄的沉不住气说的，但却也实在说出了一番应对人事的大道理。人确实要有一点这种不为荣辱所动，不被得失所拘的大气。一时的得失荣辱虽并不能都轻轻松松全看做过眼云烟，但比较而言，一时的荣辱得失无论如何比不上该做必做的事情重要。人总是要往前走的。只有做好当下该做必做的事情，才是往前走。再说，一时的荣辱得失，其所得所有，必有它该得该有的缘由。俗话说，没有无由的福祉，也没有无由的灾祸，所谓"今日之果，昨日之因"，即如王有龄的"运气"，其实也是他与胡雪岩的一系列努力"做"出来的。从这一角度看，也就没有必要去为这得或那失犯"嘀咕"了。

在生意场上，要"沉住气"，还表现在能够遇事不惊。遇事不惊，必凌于事情之上；达观权变，当安守于糊涂之中泰然处之。不泰然处之不能息弭事端，只能生事、滋事、扰事、闹事；不泰然处之不能力挽狂澜，只能被卷入漩涡之中，抛于险浪之巅。

胡雪岩就是一个很能沉得住气的人。阜康挤兑风潮波及杭州，在杭州主事的螺蛳太太本来是一个很有主见也很能干的人，但她也被突如其来的灾难"震"得不知所措了。就在这时，胡雪岩回到杭州。他来到钱庄的时候，正遇店里开饭，他居然还有一份"闲情逸致"去看伙计们的饭桌。见伙计们的饭桌上只有几个平常的菜，他居然还有心思嘱咐钱庄"大伙"谢云清，说是天气冷了，该用火锅了。他要谢云清把冬至以后才用火锅的规矩改一改，照外国人的办法，以气温的变化做标准，冬天寒暑表多少度吃火锅，夏天寒暑表多少度吃西瓜。虽然这种关心店员生活的情形以前也有，但在面临破产倒闭的关头还能如此沉得住气，连那些伙计们都感到十分惊异。

胡雪岩能够如此沉得住气，就在于他能够将得失心丢开的大气。他知道事业不是他一人创下的，出现现在的局面，当然也不是他一个人的过失，今日之果得自昨日之因，这个时候陷于得失之中不能自拔，不仅于事无补，甚至更加坏事。他告诉自己，不必怨任何人，甚至连自己都不必怨，只想现在该做什么、怎么做，这才是至关重要的。事实上，他由自己沉得住气而来的冷静，使他在危机来到的时候选择的措施手段大体都还是有效的。比如他那使伙计们惊异的"看饭桌"，对于稳定军心就起到了很好的作用。只是客观情势已经不允许也不能够起死回生，再好的手段也只能维持一时，而无法从根本上解决问题罢了。

在商言商，生意人当然不能不计得失。但许多时候，特别是危机出现的时候，生意人又确实比任何人都需要将得失抛开，因为只有这样，才能真正沉得住气。如果为眼前得失所拘，甚至斤斤于得失不能自拔，就很可能被眼前得失所惑而陷于一种迷乱之中，对于眼前该做必做的事情都看不清了。

荣辱不惊，是一种处世智慧，更是一门生活艺术。人生在世，生活中有褒有贬，有毁有誉，有荣有辱，这是人生的寻常际遇，不足为奇。

古往今来无数事实证明，凡事有所成、业有所就者无不具有"荣辱不惊"这种极宝贵的品格。荣也自然，辱也自在，一往无前，否极泰来。

然而在生活中，有些人却不是这样，他们稍微做出了点成绩，出了点名之后，便沾沾自喜起来，自以为功成名就了，就可以天天吃老本了，从此便失去了新的奋斗目标。这种做法是不足取的。鲁迅说："自卑固然不好，自负也是不好的，容易停滞。我想顶好是不要自馁，总是干；但也不可自满，仍旧总是用功。"

另有一些人，面对人生中的突发事故，总是会方寸大乱，甚至一蹶不振，从此浑浑噩噩。如此无法承受压力，又何谈挑战命运、力主沉浮呢？

在社会竞争日益激烈的今天，拥有一种平和的心态，无疑对身体的健康和事业的成败都是至关重要的。当然，平常心是一种经历失败与挫折，不断奋斗努力，才能历练出的人生境界。它不为一切浮华沉沦，不为虚荣所诱。

在物欲横流，处处充满陷阱和诱惑的社会里，能保持一颗平常心不是一件容易的事情。在平常心的世界里，一切都被看得平平常常，即"宠辱不惊，看庭前花开花落，去留无意，望天空云卷云舒"。

当然，保持平常心绝不意味着安于现状。人类的伟大在于永不休止地追求和渴望，历史的嬗变在于千百万创造历史的人们永无休止地劳作。生命是一个过程，而生活是一条小舟。当我们驾着生活的小舟在生命这条河中款款漂流时，我们的生命乐趣，既来自对伟岸高山的深深敬仰，也来自对草地低谷的切切爱怜；既来自惊涛骇浪的奋勇搏击，也来自对细波微澜的默默深思。

  因此我们平常的生命、平常的生活一经升华，就会变得不那么平常起来。因为，生命和生活是美丽的，这种美丽，恰恰蛰伏于最容易被我们忽略的平平常常之中。没有珍惜平常的人，不会创造出惊天动地的伟业，没有把平常日子过好的人，体味不到人生的幸福，因为平常孕育着一切，包容着一切，一切都蕴含在平常之中。

---

  遇事不惊，要做到独自一人时，能超然物外；与人相处时，能和蔼可掬；无所事事时，能语默澄静；处理事务时，能雷厉风行；得意时，能淡然坦荡，失意时，能安之若素。这或许不易做到，但下意识地去修行，无论如何对你都是一种莫大的裨益。

---

## 戒律十

# 灵活变通事事通，墨守成规是木人

> 条条大路通罗马，此路不通就绕行。在商界混，拘泥俗成、固守成规，无异于作茧自缚。胡雪岩可不傻，他不会让一条路将自己困死。他简直将"死钱"玩活了，纵然是当今的投资高手，恐怕也不得不对他心悦诚服。

### 云山雾罩真真假假，遮遮掩掩虚虚实实

"做人无点真恳念头，便成个花子，事事皆虚；涉世无段圆活机趣，便是个木人，处处有碍。"正所谓"虚实相化，则变化无穷"！做人没有必要固执于绝对真实。在这个社会上，太真实反倒让人吃不开。遮遮掩

## 戒律十　灵活变通事事通，墨守成规是木人

掩、虚虚实实这是每一个成功商人都能信手拈来的伎俩，胡雪岩则更是个中高手。

要想做个成功的人，就得有点心思！那种老老实实的人，显然吃不开的！古往今来，太过老实的人往往被冠以"笨蛋"的称号，上山劈柴、下河捞鱼的是他，坐地分羹之时他却可能连一口鱼汤都捞不着。

当然，做人也不能心思太多，因为如此一来，又成了"坏蛋"的代名词。别人摸爬滚打，洒尽汗水，到头来好处全是他的。这样的人，恐怕连老实人最后也不愿与他相处了。如果既不想成为"笨蛋"，也不想被视为"坏蛋"，那么不妨取其中庸，做一个不坏但"有心眼"的人。胡雪岩就是这样的一个人。

"天下之大，什么人都有，什么事都有。所以必要时，还必须有些虚招，以便达到自己的目的"。这是胡雪岩的经商性格之一，总体来看，"遮遮掩掩，虚虚实实"是胡雪岩最常用的一个手法，这也是他善变的经商性格所致。

人类的天性是共通的、永恒的。一切与人类天性相吻合的计谋也是永恒的，胡雪岩的手段因为调动或曰利用了人类这种共通而永恒的天性，同样也成了广告术中的传世佳作。广告史上多次出现过匿名广告，连着几天出现的都是引人注目但又让人不知就里的广告，等把读者的好奇心吊足了，才轰然一下推出产品及其品牌。

一次，胡雪岩在金陵积压了几千轴丝绢，而当时丝绢行情不好，即使出手，也卖不了几个钱。

胡雪岩灵机一动，和金陵城几位当大官的朋友和有名望的富绅说好，

每人做一件丝绢单衣穿在身上。其他官员和读书人一见，争相仿效，丝绢单衣很快成为时髦，丝绢价格随之上扬，一时间大有洛阳纸贵的势头。

胡雪岩一看时机已到，便让人把仓库里的丝绢全拿去卖了，每轴竟卖到了一两黄金的高价。

无论是生意场上还是交际场上，做人都不能太过真实，太真实往往会令自己陷入被动的境地。

诚然，实在一点没错，人人都希望别人实在，喜欢和实在的人做朋友，因为这样的人比较有安全感。他们宁愿自己吃亏也不让别人吃亏，他们从不算计别人，这样的人理应得到赞美的。

但凡事都要有一个度，一旦过火，就会走向反面。实在可以，可如果太实在就要不得了。人太老实其实就是一种木讷，是一种保守，这样的人只知道固守成规地活着，不肯尝试创新和突破，缺乏主动性。这样的人，终其一生都不会有多大成就。他们不是没有机遇，而是机遇摆在面前也不懂得去把握，更不要说主动创造了。

所以说，做人要懂得一点虚虚实实之道。英国著名作家、戏剧家萧伯纳说过："我开玩笑的方法，就是编造真实。编造真实乃是这个世界最有情趣的玩笑。"的确，编造出来的真实往往更具吸引力，而且如果能运用得当，它还会给你带来巨大的收获。

《三国演义》中，张松欲献西川地图与曹操。曹操看不起矮小、貌陋的张松，拂袖而去。曹操的主簿杨修是一位能言善辩的人士，斥责张松的同时，傲慢地声称曹丞相具有雄才，并出示曹操撰写的兵法书籍《孟德新书》来佐证。谁知张松博闻强记，将书接过看了一遍，便熟记于胸，

## 戒律十　灵活变通事事通，墨守成规是木人

而后大笑道："这连我们蜀中三尺小童都能背得，你怎说是'新书'呢？这是战国时无名氏所作，曹丞相盗窃以为己有，也只能骗得了你这样的人物！"杨修驳斥说："丞相私藏的书，虽然已经成帙，但是并没有流传开来。你说蜀中小儿暗诵如流，是在欺骗我吧？"张松立即表示："如果不信，我现在就背给你看。"于是，将《孟德新书》从头至尾背诵一遍，并无一字差错。杨修大惊，得知此事的曹操也纳闷："莫非古人与我暗合？"竟下令将这本书撕碎之后烧毁，又令杨修领张松来见自己。

在这场交锋中，张松之所以能够大挫曹操、杨修的傲慢气焰，就在于他成功编造了一种"真实"，将本来没有的情况当做客观事实推出，并使得对方信以为真，最终达到了自己的目的。

不过，要想让这种编出来的事实真正发挥效用，我们必须巧妙把握两个步骤。具体说来就是：

第一，要编得合情合理，让对方难辨真伪。

在你编造某种真实之时，要尽量显得合情合理，不能与现实生活的差距过大，要编得大致符合当时、当地、当事人的实际情况。

在交往的过程中，如果对方对你抱有某种程度的戒备与警惕，对你所说的一切就会产生本能性的怀疑。这就更需要我们在编造时，在"合理"这方面多下些功夫。有时，不妨来一点真真假假，造成一种虚虚实实的混沌局面。如张松的"无名氏"，不说具体，让对方莫测高深。这时，对手的知觉是"实亦实，虚亦实"，于是，也就自然而然地相信你编造的全部内容，而落入圈套。

第二，要疏而不漏，态度诚恳。

表达形式是言语,同时应辅以情感、神态、动作、语调等必要帮助。对方能否接受你编造的真实,取决于他感知与理解的深浅。你表达得越明晰、越确切、越执着、越具诱惑力,对方的感知与理解力就越强,从而,导致其产生错觉的概率也就越高。因此可以说,表达是在操纵对手的知觉。一旦开始编造,就要千方百计调动对手的情感,使他对你产生足够的信任,使对手没有任何怀疑的余地。要让对方明白:如果不相信你所说的,那么,便会给自己带来麻烦;只有相信你所说的,自己才能获得利益,迫使他只能"相信你所说的",让他深信"这是唯一选择"。

同时,为了使效果更好,我们还可以利用人们对共同点具有的认同心理,站到对手的角度上,设身处地为对手的利益说话,使对手感到你是为他好,双方的利益是一致的,并适当使用一些松弛对方警惕性的言语。如,诸葛亮的"事须三思,免致后悔";现代社会诸如"考虑到我们双方的利益""这是人人皆知的""早就如此""聪明的人都会这样做",等等。如此,对手的防线最终必然会崩溃。

编造出的"真实",由于经过周密思考和精雕细琢,往往更具可信度,虽然这是一种谎言,但从某种意义上讲,只要你的谎言合乎情理,它比真诚更能打动人,它是人们交往与沟通的一种生活必需。无论是在工作上还是在生活中,无悖于道德的谎言都会为你赢得更多的好处。

------

虚实之道的重点在于抓住人的心理出招,相机而行,见机行事。当然,虽然处世需要虚实结合,但我们也不能因此丢掉自己

的原则，否则就成了名副其实的虚伪奸猾之人。这样，或许一开始会给人一种聪明伶俐、随机应变的好印象，但决然不会长久。须知，太滑头了必然是惹人生厌的。

## 八个坛子七个盖子，移东补西钱能生钱

商场较量的不仅是资金与实力，更多的则是智力。一个成功的商人总是能够凭借自己的智力将钱玩转。胡雪岩说："生意一定要做得活络，移东补西不穿帮，那就是本事。你要晓得，所谓调度，调就是调动，度就是预算。预算什么时候有款子进来，预先拿它调动一下，这样做生意，就比人家走在前面。"而这也正是他在生意场上灵活应变的真实写照。

对于一个成功的商人而言，钱是能够再生钱的。也就是说，当有一部分资金可以运用以后，再通过合理的调度和调配，可以获得更多的财富。如何调度手中可用的资源，这对于一个商人而言是种考验。古语有云："巧妇难为无米之炊。"作为一个商界人士，无论你有多大的能耐，若是没有一分钱供你支配，那么也只能空叹时不利兮。

所以，要想成为一个成功的商人，首先就要懂得筹措资金，以供己需。胡雪岩在事业的起步阶段，有很多钱其实都是"借"来的，他正是凭借着这种巧"借"与巧"补"，解决了迫在眉睫的问题，不让问题成为死角。他认为，做生意一定要活络，移东补西不穿帮，就是本事。这是

胡雪岩特有的一种"嫁接术"。

胡雪岩在湖州收到的生丝运到上海时，正值小刀会要在上海起事。小刀会占领了上海县城，不仅隔开了租界和上海县城之间的联系，也封锁了苏、松、太地区进出上海的通道，断绝了上海除海路之外与内地的一切联系。上海与外部交通断绝，上海市场生丝的来路也随之中断，仅存上年囤积的陈丝。而此时也传来信息，驻在上海的洋商由于战事在即，生意前途未卜，更加急于购进生丝以备急需。这在胡雪岩看来，无疑又是一个绝好的机会，因为如此一来，生丝销洋庄的价钱必然看好，完全可以乘此机会赚上一把。这一情况更坚定了胡雪岩要销洋庄的打算。

要做销洋庄的生意，第一步是要控制洋庄市场，垄断价格。要做好这一步，有两个办法：第一个办法是说服上海丝行同业联合起来，让预备销洋庄的生丝客商公议价格，彼此合作，共同对付洋人，迫使洋人就范；第二则是拿出一笔资金，在上海就地收丝，囤积起来，使洋人要买丝就必须找自己，以达到垄断市场的目的。不过，就胡雪岩当时在上海生丝市场的地位来说，由于他的生意只是刚刚起步，在同行中的威信还有待建立，因此第一个办法不一定能够实施到理想的效果。而从生意运作的角度看，即使第一个办法能够凭着胡雪岩的影响力得以实现，他也应该采取通过在上海就地收丝的办法，尽可能多地为自己囤积一部分生丝。这既是控制市场、垄断价格的基础，也是使自己在实现了控制市场的设想、迫使洋人就范之后能够获得更大利润的条件。同时，生丝囤积量的增加也可以提高他在上海丝商中的地位，为联络上海同业的运作增加影响力。

## 戒律十　灵活变通事事通，墨守成规是木人

不过，在上海就地收丝需要大量本钱。胡雪岩此时只有价值10万两的生丝存在上海裕记丝栈，而他的伙伴尤五为做漕帮粮食生意，向一个巨富借贷了10万两银子，这笔贷款在续转过一次之后又已到期，按常规已经不能再行续转。为还上这笔贷款，尤五最多只能筹集到7万两银子。如此算来，胡雪岩要在上海就地收丝可以说是没有一分钱的本钱。

胡雪岩用手头裕记丝栈开出的那张10万两银子的生丝的栈单"变"了一次戏法。首先将这一张栈单拿给这个巨富看，说是这位巨富的贷款已经可以归还，不过要等这批生丝脱手之后才能料理清楚，让他们将那笔10万两银子的贷款再转一期。有栈单为证，货又明明摆在货栈里，他们必然相信而且放心，这样也就生出了10万头寸可供调用，先解决松江漕帮借款到期的问题。然后，可以将这张栈单再使用一次，用它来与洋行交涉，议定以裕记丝行的生丝做抵押，向洋行借款，这样也就把栈单变成了现银。洋行有栈单留存，不会不给贷款，而栈单也不会流入钱庄，这位巨富也不会知道栈单已经抵押出去了，戏法也就不会被揭穿。这样，10万两银子也就做成了百万两的生意。

这是一次典型的"八个坛子七个盖"。一张栈单，托了中外两家，一"转"一"亮"，就盖住了两个"坛子"，手法极其精到熟练。

在经济环境日益复杂、市场竞争日益激烈的今天，很多原本想要在商海中乘风破浪的人望而退却了。他们虽胸怀大志，却荷包单薄，没有大资本去运作，于是，只能站在岸边望洋兴叹"时不我待，一文钱难倒英雄汉"等。其实，不是时不待你，而是你的本事根本还没到家。商场上很多叱咤风云的人物在创业之初也没有多么雄厚的资金积累，然而照

样可以。"四两拨千斤"之姿赢得大回报。古语有云:"运用之妙,存乎于心。"能不能打开财富的大门,就看你懂不懂利用巧妙的资金合理运作,去挖掘无限的财富。

所以说,一个生意人既要懂得如何去筹措资金,更要学会如何去使用资金。怎样才能将自己的资金变成"活钱",而不使任何一笔自己筹措到的可用的资金闲置,并且如何才能恰到好处地使用自己筹措到的每一笔资金,让它尽快也尽可能多地增值。从这个角度看,胡雪岩所说的"做生意一定要活络",要知道如何去"移东补西"而且"不穿帮",对于生意人来说,确实就是一种本事,而且还是一种大本事。

---

所谓"良好的开端是成功的一半",即便你再有能耐,但如果没钱供你运作也是无济于事。所以要想成为一名成功的商人,首先就要学好第一步——筹资。只有这一步走好了,将来才能走得更远。你其实不需要靠自己一文钱一文钱地积累,如果你身边有可用资源的话,那么不妨"借用"一下,跳过资金的原始积累阶段,这样会为你节省很多的时间与精力。但要记住,这"借"可一定要合理合法。

## 戒律十一

# 懂方圆左右逢源,不更事难成大事

> 方圆相济,上得天道,下媚黎民,生前显赫,死后留芳——这是古代君子一贯奉行的行世准则。方是一个人的处世态度,带有一定的原则性;圆则是一个行事手段,法力无边,万事皆可"通""融"。二者相辅相成,必能成就一番大事业。胡雪岩在商海纵横、呼风唤雨,正得益于他圆润的处世态度。

## 刚柔并济内外兼修,外圆内方伸缩自如

所谓"方是做人的脊梁,圆是处世的锦囊"。做人应方圆相济,刚柔兼修。钢过硬易折,人过直则往往会遭遇滑铁卢,因为他太低估了社

会以及人性的复杂。所以为人处世,该方的时候就方,该圆的时候就圆,只有做到顺势而变,才能圆润通达。胡雪岩书读得少,或许根本就没接触过儒家的中庸之道,但他却将这一"方"一"圆"摆弄得煞是明白。

《菜根谭》中说:"处治世宜方,处乱世宜圆,处叔季之世当方圆并用。待善人宜宽,待恶人宜严,待庸众之人当宽严互存。"其意为:与不同的人相处,要持有不同的态度,与善良君子交往应宽厚,与邪恶小人相处须严厉,对待平民大众应宽严相济。其根本就在于强调保持中正、灵活变通的处世之道。

伸屈自如,持方圆之道,是做大事者的性格特征之一,因为一个人如果过分方方正正,棱角分明,必然碰得头破血流。相反,一个人如果太过八面玲珑、太过圆滑,必将众叛亲离。一个人只一味地想出人头地,而不懂得委曲求全,到头来想伸反而伸不成,不愿屈也得屈。胡雪岩正是一个"方圆"之士,能伸能屈之人。

胡雪岩本来不是饱读诗书出身的,因而像孟郊那样"万俗皆走圆,一生犹学方"的心态志向,胡雪岩是绝对不会有,不能有,也不敢有。作为一个学徒的他,假如还有这种闲适高逸的志向,十有八九是要先大吃几年苦头。

他唯一能行得通的,便是那万俗皆走的一个"圆"字。大家怎么说,我就怎么说;大家怎么做,我就怎么做。体察了人心的喜怒哀乐,顺遂了人们的爱憎欲恶,做到了这两点,万事无不可遂,人心无不可得。

都道是方正之士为人称羡,其实世俗人早有了计较。方正之士的品德风范令人肃然起敬,只是他们犹如那庙里的神仙圣人,令世俗中人恭敬，但在敬的行为之后，便是"远之"。

比如那嵇鹤龄，本是一个能言善道、足智多谋的人才，却落得了"恃才傲物"，方正不屈，不肯哭穷，不谈钱，说起来也的确是一个既有本事又有骨气的人。

好在他遇到了胡雪岩。经不住胡雪岩的上门吊丧，收还典当，安排妻室这一连串抚慰，他心有所感，知恩图报，帮助王有龄出面解了地方农民聚众闹事之围。事后论功行赏，却遇到了麻烦。

地方上一件大案子，或则兵剿，或则河工，或则如漕粮由河运改为海运等大事曲张的案子，办妥出奏，照例可以为出力人员请奖，称为"保案"，保有"明保""密保"之分，自然是密保值钱。黄抚台给了嵇鹤龄一个明保、胡雪岩一个密保。

胡雪岩闻听此事后，心里也觉得不够公平。他感觉其中一定有鬼，于是经过一番调查，终于弄清了其中原委。原来，黄抚台手下有个文案员，向嵇鹤龄索取2000两银子，嵇鹤龄不从，并言说自己没钱，就是有也不去塞这个狗洞。

这种耿介之人，在官场上的确不多了。按照嵇鹤龄的说法，官场中的世态炎凉，他也看厌了。反正世界上绝没有饿死人的，此处不留爷，自有留爷处。我在你浙江混不下去了，我回湖北办我的团练去。

事情到了胡雪岩手里，却有了另一番观感。水往低处流，人却是往高处走的。人的性格本来和自然万物的性格有所不同，总不能水取下泄之势，人也不求向上而后退吧？事情都是人做出来的，不通的总要想办法让它通畅才是。生了疮要医，化了脓得挤。胡雪岩决定帮嵇鹤龄摆平此事。

胡雪岩用的是什么手段?不外是"圆了你的意,开通我生路"。

他用本号的银票,开了两张,一张2000两,一张200两,用个封套封好,上写"菲仪"二字,下面具名是"教愚弟嵇鹤龄",托人递给文案上的陈老爷。不过一个时辰,便有人送来抚署文案委员陈老爷的一张名片,上面有四个字:"拜领谢谢!"

于是胡雪岩当夜就通知王有龄去见抚台谈这件事。

结局的顺利和圆满甚至连胡雪岩也感到喜出望外。第二天便有了准信儿,让嵇鹤龄接管海运局。

这就是胡雪岩的圆通之"圆"。

圆世的态度,实在是一个不在现世吃亏的态度。不过整个文化氛围褒奖方世,贬抑圆世,故而平常人们的言谈中无不以处世行方为荣,以圆滑透熟为耻,一句"我又不像人家会巴结"绝对能使稍遵守一点方世原则的人大为震怒。

不过,这句话如果用来指责胡雪岩,看来这种震怒的效果是不会出现的。相反,他可能会很高兴,起码他也要向你投以知遇的一笑。

方世是口碑甚好的准则,圆世又是利害相关的准则。能圆自然不方,只是舆论压力来了,只好跟随着众人弃方求圆。这种无甚定见的常人生活,是我们时至今日庸碌无为的唯一原因。

胡雪岩的不同正是在这里。他一生下来就没有那么优越的生存条件,与上流社会相去甚远,对一个钱庄的学徒来讲,高论的遵从与否,无甚利害,无甚压力,既然如此,认准了一条路走下去,倒不是很难的事。

## 戒律十一　懂方圆左右逢源，不更事难成大事

圆能打通关节，使事情走出死胡同。

胡雪岩押运洋枪，由沪去浙，便遇到了事关旧朋新知以后的出路及彼此间以后关系的事。

本来，在上海购买的这批洋枪，需要松江漕帮协助运到浙江地面。可是人到松江，却发现麻烦极大。松江魏老头子的旧好俞武成，已经和太平军方面的赖汉英接上关系，一切布置停当，只等这批军火从海上起运，一入内河，就动手劫留。魏老头子也答应到时有所照应。

胡雪岩一来拜访两面朋友，才知大水冲了龙王庙，情势十分尴尬。胡雪岩见此光景，颇为不安，心里也在打算：如果俞武成不是他的"同参弟兄"，事情就好办。若是这批军火，不是落到太平军手里，事情也好办。此刻既是投鼠忌器，又不能轻易松手，搞成了软硬都难着力的局面，连他都觉得一时难有善策。

松江魏老头子决定断了与俞武成的交情，帮助胡雪岩渡过这一难关，阻止俞武成动手。

到了这种毁约反目的关口，虽事出无奈，却也无可挽回了。胡雪岩却"灵光一闪"，要把这一切下去老交情就会拦腰截断的棘手事摆平了、抚圆了，使老交情继续维系下去，彼此谁也不伤和气。

胡雪岩的如意妙计，便是搬出俞武成90岁的老娘俞三婆婆，让她硬压俞武成撒手让步。这也是无奈中的一招，若能说动俞三婆婆出面干预，俞武成就不敢不依。这么一做，也就不至于使魏师爷过于为难。

然而，那俞三婆婆却是个厉害角色。她在胡雪岩面前装聋作哑，不想帮胡雪岩这个忙。

因为如此，胡雪岩越发不敢大意，要言不烦地叙明来意，一方面表示不愿使松江漕帮为难，开脱了老太爷的窘境，一方面又表示不愿请兵护运，怕跟俞武成发生冲突，伤了江湖的义气。

这番话真如俗语所说"绵里针"，表面极软，骨子里却大有讲究。俞三婆婆到底老于江湖，熟习世面，听胡雪岩说到"不愿请兵护运"这句话，暗地里着实吃惊。话里等于指责俞武成抢劫军械，这是比强盗还重的罪名，认起真来，灭门有余。

面对如此利害关系，俞三婆婆装出气得不得了的样子，回头拄一拄拐杖，厉声吩咐俞少武赶快派人把他那糊涂老子找回来！

不管她是真的动气，还是有意做作，来客都大感不安。胡雪岩急忙相劝，说这件事怪不得俞大哥！他们也是道听途说，事情还不知道真假，俞大哥不至于敌友不分。他们的来意是想请三婆婆做主，仰仗俞大哥的威名，保一保平安。

听得这一说，俞三婆婆的脸色和缓了，说此事武成理当效劳。

然而，事情并不是那么简单。俞武成客居异地，手下的兄弟都不在，虽然出头来主持，无非因人成事。上山容易下山难，看来不是凭一句话就可以摆平的。

事情相当麻烦，俞武成为本帮兄弟的生计考虑，急于谋个出路，以致身不由己，受到挟制势若骑虎。萝卜只有吃一截剥一截的，好在最难的一截——和俞武成拉近关系——已经安然走过，已经不虑骑虎的人策虎来追了。胡雪岩接下来要做的就是如何让骑虎的人安然下虎背。

凭着胡雪岩的脑筋、实力和关系，这一点倒不算太难：伏虎，让恶

## 戒律十一　懂方圆左右逢源，不更事难成大事

虎归顺了，一切都迎刃而解。

伏虎无非就是收降。计策似乎无甚高明，仔细想来，也足见胡雪岩的眼光深远。他从一个商人的角度通盘考虑形势，深信太平军只是一时肆虐，于情势，于力量，都不大可能长久。所以胡雪岩在商业运营上的总原则是帮官军打太平军，天下早一日安宁，商业早一日昌盛。这批军火本来也正是在此原则下着手去做的，遇到了麻烦，也正好可以顺着这个思路去考虑解决办法。

这可真是一窍通而百窍通。胡雪岩很快和俞武成及其他谋划劫持军械的江湖头目达成了协议。由胡雪岩报请官府，发给这批人三个月粮饷，保证不诱降（不先降后杀），事成后编队移地驻防。胡雪岩还自己先拿出10000两银子来补润。

既然生路有了，谁又会硬往死路上走？

这件事也见出胡雪岩务求事圆的决心、手段和恒心来：不到山穷水尽之时，绝不放弃以平和的方式解决，为了能够达到平和圆满，也绝不过于姑息迁就。原则是要有的，见机行事也很必要。

这又是胡雪岩的一种"圆"。

假定只是魏师爷卖了人情，与俞武成闹翻，那么运枪的事情是可以办成的，以后的局面却会就此一塌再塌，变成处处掣肘、事事放不开。所以魏师爷的人情可感，却不能那么便宜地买了就算了。俞武成那里稍有不同，在那里本来没有人情却必须做人情，做成人情的方法无非是同生死、共患难。帮对方考虑周全了，难题解决了，自己的事情也就大功告成了。

这种"方"与"圆"的完美结合可谓天衣无缝。

圆世既表现在"使活"上，又表现在"灵活"上。治损不致残的处世原则，典型地表现了胡雪岩的这一态度。胡雪岩有一条原则总是恪守不渝的，那就是"总要给对方留个台阶，留个后路"。最后的印象总是大体相同的：治我损我，拆我的烂污，那是行不通的，甚至应该让你没有好下场，但是只要你尚有可用的地方，饭总是大家一起吃的。

再比如胡雪岩的朋友郁四因听信家人叨扰，把水晶阿七赶出后，阿七旧情萌发，居然又去纠缠青梅竹马的旧好陈世龙。陈世龙已经有了阿珠，并且心思贞定，立志要干一番事业，以不负师父、妻子和岳丈岳母的期望，岂有对阿七松口之理？

这种局面让陈世龙烦心，让阿七酸心，让郁四灰心。

胡雪岩却想出一个简单得不能再简单的办法："船并老码头。"

阿七和郁四的感情毕竟有了几年，不是那么容易断的。只有阿七重新回去了，才能抚平郁四颓丧懊恼的心。这件事做完了，阿七给陈世龙带来的麻烦自然也就没有了。

不过这事能否成功，关键还要看能否把郁四和阿七分头说拢。这就显出胡雪岩对人心人情的体悟透彻来。

到了聚成钱庄，胡雪岩的第一句话就是责问郁四到底怎么回事。

郁四面对胡雪岩，只是一个劲摇头叹息。通过察言观色，迂回试探，胡雪岩看出郁四心里还眷恋着阿七，盼着她能够回来，可是他又怕阿七心里有气，故意较劲儿、拿堂。胡雪岩把郁四的心思摸透以后，主意也就有了。他向郁四打下保票，一定帮他把阿七弄回来！

胡雪岩说到做到，他回头找到阿七，摆出为她打抱不平的神态，狠狠责备郁四无情无义，得福不知，一下赢得阿七的信任。阿七也一把鼻涕一把泪地向胡雪岩倾诉自己的委屈。胡雪岩一言不发地听完她的一腔怨言，也就把她真正的心意探清楚了。她嘴上虽然怨恨郁四，其实心里一直摆脱不掉郁四的影子，这么一来，胡雪岩便有十足的信心促使两人重归于好了。

结果自然是春风化雨。

这是胡雪岩圆融的"融"，方方面面都皆大欢喜。

胡雪岩的处世态度，无非是外圆内方、可伸可屈，总要想方设法使事情完美无憾，使自己有后路可走。

胡雪岩是事业型的，能毫无羁绊地发展出这种圆世态度来。这种态度，卑之无甚高论，开宗明义就是先要生存，后要过好，然后再培养出一点人与人之间的感情和温暖来。因为没有什么固定原则，故而表现为通、活、融、满，屈伸自如。

胡雪岩对方与圆、屈与伸的掌握与运用，可谓达到了出神入化的地步。

其实，这世上很多人都是能方不能圆的，他们做人、做事总是直来直去、横冲直撞。其结果呢，多不会有什么太好的结局。因为刚直固然可以得到别人的钦佩，但刚直太过便是走向反面了。这样的人与其说是原则性强，莫不如说是顽固不化、冥顽不灵。这种不懂变通、不知进退的人，很容易撞得头破血流。

子曰："中庸之为德也，其至矣乎！民鲜久矣。"做人还是要讲究一点中庸。"中庸"一直是我国古代文人所奉行的一种处世准则，它对于任何时代的人而言，都是非常值得借鉴的。一个人倘若仅凭一腔热情及赤子之心，却置现实环境于不顾、不知变通地去待人处世，非但抱负无法实现，往往还会为自己招来祸端。

所谓"物竞天择，适者生存"。在自然界，各种生物互相进行生存斗争，由天（自然）来选择，能适应自然变化者，就能够得以存活，不适应者，就只能走向灭亡！人的一生，亦是如此，都有水涨船高和水落船泊的时候，这不仅跟人自身有关，更是由各种外部因素决定的。因此，是否能够准确把握时机和形势、做出正确判断和决策，对于人的生活、事业，乃至一生的命运，都有至关重要的影响。真正的聪明人总是会让自己去适应这个世界，结果一生顺风顺水。

那些聪明人遭逢难事，一定会最大限度地弯下身保护自己；当机遇来临，他们又会最大限度地伸展自己，将自身的才能与智慧挥洒得淋漓尽致。其实亦伸亦缩并不意味着没骨气或是屈服，更不是丧失人格。必要之时，唯有懂得委屈自己，以大局为重，日后才能涅槃重生、大展宏图。

---

做人处世，无刚不立，但过刚则易折。试问该如何克服这一矛盾呢？很显然，中庸之道就是个不错的选择。也就是说，为人要品性刚正，但又要讲究谋略，柔中有刚，刚柔并济，如此方能有所作为。

---

## 天黑路滑人心复杂，谨防身边小人作祟

每个地方都有小人，既然是小人，做事定然是不厚道的，常常是为达目的不择手段。与小人相处，若不懂得方圆之术，稍有不慎，便会吃大亏。胡雪岩一生精明，但有时确实太过厚道，因而在小人身上也栽了大跟头，这很值得我们引以为戒。

有道是："害人之心不可有，防人之心不可无。"防什么人？防小人不防君子。对于小人，古圣先贤们甚为鄙视，却又无可奈何，只得告诫后人对其敬而远之，否则，小人近身，祸事不远。

古往今来、古今中外，小人一族就从不曾断过茬，他们是狭隘与功利结合的产物。可以说，这世间有利益纷争存在一天，就绝对会有小人的出现。

当然，世间不存在绝对的小人，也不存在绝对的君子。胡雪岩纵然一直以正面形象出现在世人面前，但他亦有为己谋私的一面。所以看待小人这个问题，我们还要客观一些，不能因为某人做了一点点自私的事情，就对其冠以"小人"之名，这未免失之偏颇。其实扪心自问，难道我们就一点也不自私吗？

我们这里所说的小人，专指那种心胸狭隘、唯利是图、反复无常之人。倘若你的身边有这种人出现，那么一定要多加小心，最好与其保持一定的距离，更不要与其有过多交往，尤其是利益上的交往，以免惹火烧身、麻烦不断。

不过，即便再精明的人也有性格上的弱点，也有看走眼的时候，胡雪岩便在这上面犯了一些大错。胡雪岩曾经说："我看人总是往好处去看的。我不大相信世界上有坏人。没有本事才干坏事，有本事的人一定做好事。既然做坏事的人没有本事，也就不必去怕他们了。"似是而非的话，暴露出来的也就是胡雪岩这一弱点。

"不说别的，只说朱福年好了。庞二虽有些大少爷脾气，有时讲话不给人留情面，到底御下宽厚，非别的东家可比，可是朱福年还是有二心，只是遇到小爷叔你，化敌为友，服服帖帖，这就是你的大本事，也就是你的大本钱。"

这段话是古应春就胡雪岩收服朱福年的事情，发自内心赞佩而对胡雪岩说的。胡雪岩的确有收服人心、化敌为友的本事，这也确实是胡雪岩能够纵横商场，把自己的生意越做越大的重要原因，这当然也确实是他的"大本钱"。从这一角度看，古应春这里只是陈述了一个方面的事实。

但胡雪岩在看人、用人的问题上，也并非没有可以批评的地方。从某种意义上说，他也有看人、御下过于宽容宽厚的毛病。看人多看优点，用人用其长处，不以恶意度人，尽量将人往好处看，从做人方面说，体现了一个人的仁厚和胸怀，从做事方面说，也确实可以为自己招揽到很能做事的帮手，这无疑是优点。但这个优点，同时也会带来一个极大也极危险的弱点，那就是容易放纵小人。而对小人的失察和放纵，必然给自己带来极为严重的后果。

不相信世界上有坏人，也自然就总往好处看人。而总往好处看人，也自然就发现不了小人。更糟糕的是，抱定一个做坏事的人没有本事因而不可怕的宗旨，也就必定不对小人设防了。

没有防人之心，特别是防小人之心，就有可能受小人之害。胡雪岩就是受小人之害最烈的一个。比如他的钱庄最后倒闭，一半是因为时势，一半也是受那位一心想着自己也有一番"繁花似锦"的事业，拿东家银子"做小货"的小人宓本常之害；比如他那么庞大的典当生意——他的典当行一年的收入按"架本"估算，至少可达45万两银子——却没有为他带来太大的帮助，就是因为他的那帮类似小人唐子韶之流的"徽州朋友"的肆意侵吞。

胡雪岩最后只落得"白茫茫大地一片真干净"，甚至螺蛳太太撒手人寰，某种意义上说，也是因为胡雪岩的放纵小人。

在胡雪岩彻底破产倒闭已成定局的最后关头，螺蛳太太为了保住一点破产之后维持生计的财物，将自己的首饰缝进一个枕头里存放在一个名叫朱宝如的人家里。这朱宝如是杭州城里的一个殷实士绅，但他的财产本来就是他和他老婆设陷阱、安机关，用尽心机极不光彩地骗诈来的。这朱氏夫妇巧取骗诈别人财产的事情，胡雪岩一概全知，但他不仅没有揭发，反而劝阻要向这对夫妇找回公道的被骗者，以为犯不上为这过去了的事情牵肠挂肚。胡雪岩放纵了朱氏夫妇，终于导致自己最后一点可以勉强维持一段生计的财产也给他们私吞了。螺蛳太太因最后一点希望破灭而自杀。

坏人其实也有做坏事的本事，有本事的人其实也可能做坏事，这个道理大约是我们应该能够接受的。俗话说，贼是小人，智过君子，在这个世界上，许多极坏的事其实都是有本事的人做出来的。事实上，小人确实做不出也做不成可以让人称颂的好事，但做出的坏事却是能够彻底葬送掉好人费尽千辛万苦打下的江山。

胡雪岩的前车之鉴，从反面说明了防人之心不可无，特别谨记要防自己身边的小人。

小人，人"小"能量大，千万不能小瞧。同小人办事假如处理不好，往往吃亏的是自己。

"小人"并没有特别的模样，脸上也没写着"小人"两个字，有一部分小人甚至还长得既帅又酷，有口才也有真才，一副"大将之才"的模样。

但是，小人还是可以从其行为中分辨出来的。

从总体而言，小人就是那些做人、做事不守正道，通常采取邪恶的手段来达到自己目的的人。因此，他们的言行一般有一定的特点。

造谣生事，他们的造谣生事都别有目的，并不是以此为乐。

挑拨离间，为达到自己的某种目的，他们可以用离间法去挑拨同事之间的感情，制造他们之间的矛盾，好从中取利。

阿谀奉承，这种人虽不一定是小人，但这种人很容易因得上司所宠，而在上司面前说别人的坏话，并且很有杀伤力。

阳奉阴违，这种行为代表他们这种人的办事风格，因此他对你也不能实实在在。

趋炎附势，谁得势就依附谁，谁失势就抛弃谁。

踩着别人的肩膀前进，利用你为其开路，而你的牺牲他们是不在乎的。

落井下石，你如果不小心掉进井里，他会往井里扔几块石头。

推卸责任，明明自己有错却死不承认，硬要找个人来背罪。

事实上，小人的特点并不止这些。总而言之，凡是不讲法、不讲情、不讲义、不讲道德的人都带有小人的性格。

和"小人"共事讲究以下几个原则：

保持距离。千万不要和小人们过度亲近，保持淡淡的同事关系就好了，但也不要太过于疏远，好像不把他们放在眼里似的，否则他们会这样想："你有什么了不起的？"接着他们就该算计你了。

不得罪。一般而言，小人比"君子"更敏感，心理上也比较自卑，因此，千万不要在言语上刺激他们，也不要在利益上得罪他们，特别是不要为了"正义"而去揭发他们，那只会害了你自己！自古以来，君子往往斗不过小人，因此，小人为恶，让有力量的人去处理吧！

小心说话。说些"今天天气不错"无关痛痒的话就可以了，假如谈了别人的隐私，谈了他人的不是，或是发了某些牢骚不平，这些话绝对会变成他们兴风作浪和有必要时整你的资料。

吃些小亏。小人有时也会因无心之过而伤害到你，假如是小亏就算了，因为你找他们不但讨不回公道，反而会结下更大的仇。

不要有利益瓜葛。小人经常成群结党，霸占利益，形成势力，你千万不要靠他们来获得利益，因为你一旦得到利益，他们必会要求相当的回报，甚至黏着你不放，想脱身都不可能。

并不是说做到了以上几点，你与同事中的小人们就彼此相安无事了，但至少你可以把小人对自己的伤害降至最低。

---

无论在工作中还是生活中，我们都避免不了要接触到小人。对待小人之事，倘若不是原则问题，不妨睁一只眼闭一只眼，或者敬而远之，尽量不要与其发生正面冲突。小人或许能量不大，但他们不顾脸面、不择手段，极尽下贱、龌龊之事。与小人起冲突，纵然我们技胜一筹，但所付出的代价亦是不菲，弄不好还会"捉不到狐狸惹一身骚"。所以说，我们还是躲为上策，没必要将太多精力放在这些毫无意义的事情上。

---

## 戒律十二

# 做生意要造形象,没招牌如何进财

> 先赚名气后赚钱。纵横于商场之上,品牌效应不可不重视。当名气做出来以后,即便远在千里之外,顾客也会趋之若鹜。胡雪岩早就看透了这一点,他的牌子打得响、打得亮,于是真金白银自然也就滚滚而来了。

## 名声越响牌子越亮,品牌效应吸金纳银

当鹤立鸡群时,你第一眼看到的便是"鹤"。当企业能将自己的品牌高高树立在人们的视线中时,自然会引发"品牌效应",为企业吸金纳银。胡雪岩很重视为自己打造品牌,所以他及他的企业能一直被人们记

忆至今。

很多商人的性格中都有一定要打出招牌的冲动，这也表明经商之成功，换句话说，经商之诀在于要能打出自己的招牌，因为没有响亮的招牌，就等于没有实力。招牌虚假，只能毁坏自己的声誉。所谓"招牌"，就是指公司的品牌和形象。因为生意场上是十分注重树立形象的，从某种意义上说，能够树立起自己的形象，也就为自己奠定了成功的基础。做招牌、做场面，也就是树立自我形象的方式。

胡雪岩的性格中总有一种让自己招牌越亮越好的性格，因为他知道这是成功的重要标志。像胡雪岩这样一个精明的生意人，自然懂得生意场上树立自我形象的重要，所以他也十分讲究做招牌、做场面。

亮出自己的招牌，是开始实施某项商务运作的第一步。因此，胡雪岩创办自己的钱庄，在物色钱庄"档手"的同时，就开始考虑如何为自己的钱庄题定招牌。他自知自己只会在"铜钱眼里翻跟头"，对题定招牌这样需要文墨功底的事情力不胜任，因而郑重其事地去请教王有龄。不过，胡雪岩虽然不知道题定招牌的遣词用字，但他知道题定招牌该有讲究。当王有龄告诉他题招牌自己也是破题儿头一遭，还不知道怎么题法、有些什么讲究时，他毫不犹豫地就摆出了题定招牌应该注意的几条原则："第一要响亮，容易上口；第二字眼要与众不同，省得跟别人搅不清楚。至于要跟钱庄有关，要吉利，那当然用不着说了。"

胡雪岩这里讲到的几点要求，正是题招牌的关键所在。

其一，起名以畅。

胡雪岩说的招牌用字要响亮，要容易上口，也就是要求题写的招牌要简洁明了、通俗易懂且读起来要响亮畅达，朗朗上口。挂出招牌的目的就是要让人记住，因此，这一点也就显得特别重要。如果一方招牌用字生僻，读起来佶屈聱牙，招牌的作用也就失去好多了。

其二，起名以别。

用与众不同的字眼，使自己的商号在招牌上显出一种特别，而能在众多同行同业中引人注目。用现代商务运作的观点看，一个与众不同的招牌，实际上意味着一种独立的品位和风格。因此，这一点也显得非常重要。

第三，起名以适。

招牌用字要符合自己商号的行业、行当的特点，要能让人一看招牌就知道你的商号是干什么的。

第四，起名以吉。

这大约是中国人题定招牌时特别讲究的一点，不过这也确实符合商场上人们的一种普遍的心理。商场上，无论买方卖方，都希望能够大吉大利，谁也不会喜欢自找晦气。

就是根据这几点要求，王有龄为胡雪岩选择了"阜康"两个字。这两个字取"世平道治，民物阜康"之意，可以说是完全符合了胡雪岩的要求，因此胡雪岩将这两字念了两遍之后，立即欣然同意："好极！就是它。"

做名气需要有手腕、有花样，这是毋庸讳言的。但应该知道，做名气不是光去做花架子，仅靠花架子做出来的名气，绝不是可以长久的名气。常言道："瞒得了一时，骗不了一世。"花架子一旦被人识破，靠花架子"搭"出来的名气就会半文不值,不但失去了客户的信任和尊重,还会把自己逼入死胡同,以致很难再改变给别人留下的恶劣印象。

要做名气,关键还是要真正做出自己的"金字招牌"。

胡庆余堂开办之初,胡雪岩做名气的方针,就是要做出自己的"金字招牌",换句话说,他要的是靠做出一块不倒的"金字招牌",建立起真正的名气。因此,他在确定送药的同时,还就药店如何开法、怎样用人、怎样进料、怎样炮制等方面,定下了两条不变的原则:

第一,方子一定要可靠,选料一定要实在,炮制一定得精细,卖出的药一定要有特别的功效。按胡雪岩的说法:"说真方,卖假药,最要不得。"而且,胡雪岩还要求,要叫主顾看得清清楚楚,让他们相信这家药店卖出的药的确货真价实。为此,他甚至提议每次炮制一种特殊的成药之前,比如要合"十全大补丸"了,可以贴出告示,让人来参观。同时,为了让顾客知道本药店选料实在,绝不瞒骗顾客,不妨在药店摆出取料的来源,比如卖鹿茸,就不妨在药店后院养上几头鹿。这样,顾客也自然相信本药店的药了。

第二,药店档手除能干之外,更要诚实、心慈。旧时药店供顾客等药休息的大堂上常挂一副对联"修合虽无人见,存心自有天知",说的就是卖药人只能靠自我约束。不诚实的人卖药,尤其是卖成药,用料不实,分量不足,病家用过,不仅不能治病,相反还会坏事。而只有心慈诚实的人能够时时为病家着想,才能时时注意药的品质。这样,药店才不会坏了名声倒了牌子。

胡雪岩的这些原则,归总一句话,也就是靠诚实无欺来建立起自己真正的名气。这里当然也有为了让自己的诚实无欺能被别人知道而热热闹闹玩出的花样，比如贴告示让人来参观，比如在后院养上几头鹿，这都是别人没有的花样，但说到底，这些花样也都是一种以诚实无欺来"擦"亮自己的招牌的手段。一个有战略眼光的实业家，他的事业取得成功绝不是靠坑蒙拐骗，而是靠诚实无欺，靠信誉，靠切切实实满足客户的需要。过去许多商家都会挂上"诚信招来天下客，无欺誉揽万人心"的对联，对联道出的确实是一个使自己的"金字招牌"永不倒的简单的"诀窍"。诚实不欺是所有生意行当的立足之本，也是在竞争中取胜的一个重要砝码。有才无德，仅靠耍花样来求名取利，到头来只能是搬起石头砸自己的脚，聪明反被聪明误。所以，胡雪岩很郑重地说道："我们也不是故意耍花样。只不过生意要做得既诚实，又热闹。"

题定招牌，用现代商事术语说，也就是为自己的公司或商务机构做商业性命名。中国传统的说法是定字号，而用大白话说，也就是为自己的生意取一个名字，实际上也就像为新生儿取名一样。

不能小看了这一取名。做生意首先就必须求名，要有名目（也就是字号），别人才知道，要有名气别人才信服。而取一个好的名字，是成为金字招牌的基础，往往一叫就响。因此，一些有眼光的商人都注重如何为自己的商号题名。从这一角度看，胡雪岩对于自己钱庄招牌的重视以及他对题定招牌的要求，也显示了他精明的生意眼光。

创一个品牌，不是一件轻而易举的事情。在这条路上，可以说千难万险，困难重重。

这一点，"红顶商人"胡雪岩深谙此理。他说："我想做生意的道理都是一样的，创牌子最要紧。"所以他一直在竭尽全力做好自己的招牌，经营出自己的品牌，创出自己的牌子。

胡雪岩一生极重名声、名气，崇尚"名至实归"，为保住"金字招牌"，一生苦心经营，取得了令人瞩目的业绩。胡雪岩经营药业，是别有一番深意的。他认为药店既可救死扶伤，又可显扬名声，使妇孺皆知。他又把药业兼作公益事业来办，由此所收到的效果虽然是无形的，但却能转化成难以计数的实利。

胡雪岩的性格是要强的，但他不是一味张扬自己，而是靠"扬名"，去创"金"字招牌。这是聪明商家的做法。

现如今，市场竞争日趋激烈，企业要生存发展本就不易，然而某些企业却利欲熏心，以次充好欺诈消费者，使好不容易树立起来的金字招牌瞬间轰然倒塌，这显然是在自掘坟墓，实在糊涂。

品牌是什么？对于消费者来说，品牌就是价值的认同、是质量的保证；对于市场中间商来说，品牌就是完善的售后、是盈利的保障；对于企业本身而言，品牌就是最好的广告，是维持并发展客户群的便利因子，是企业屹立不倒的根本。品牌的力量可以顺着时间、空间延伸，即便是具体化的产品已经消失，但它依然会存留在大众的脑海之中。所以说，响亮的品牌才是企业最大的资本。

品牌与信誉是提升企业实力的两驾马车，共同拉动着企业的社会形象和市场形象向前奔驰，任何一方偏离正途都会使企业形象受到致命打击。品牌的建立绝非一朝一夕，但毁掉一个品牌却可在眨眼之间。尤其是现代，信息化、网络化如此发达，在"好事不出门，坏事传千里"的效应下,企业只要一招不慎,便极有可能会满盘皆输。所以说,任何一个企业要想做大、做强,就必须问心无愧地走好脚下的每一步,通过正确的方式扩大企业的知名度,并得到大众的认可,然后便是十年如一日地保证产品质量,维护自己的品牌。这样做,才不枉当年呕心沥血的创业,才对得起辛辛苦苦打造的金字招牌,才对得起企业的衣食父母——消费者。

处在经济危机之下,那些发展中的新兴企业更应抓住"危"中之"机",着力培育自身的品牌,切不要目光短浅、唯利是图,自毁未来。相信这样做,你就一定会受到消费者的青睐。

---

无论是经商还是做人,为自己树立一块金字招牌都是非常重要的。品牌于企业、于个人而言,都是健康形象的保证。当我们提及一个多年不见的老朋友时,或许他的音容笑貌在脑海中已然模糊不清,但你仍会脱口而出:"他这个人很仗义、很实在。"这就是一个人的品牌。其实塑造一个品牌并不难,就在一个"信"字。企业若能始终将信誉放在第一位,做人若能由始至终值得信赖,就是最好的品牌。

---

## 千倒万倒招牌别倒,留住心气撑起场面

面子有两种:一是真面子,一是假面子。性格正直的商人,取前者;

性格虚伪的商人，取后者。对于胡雪岩来说，他认为，真面子就是招牌，真面子保得住，招牌就可以不倒。胡雪岩特别重视真面子，即使在危机四伏、大厦将倾之时，他也不忘记要保真面子。

性格宏大的商人，总希望自己的生意场面越大越好。一般说来，人们只要有求强的性格，都希望场面做得大一些、热闹一些。这样做，从深层次看，是希望自己在世人面前有光彩。归根结底，场面总是做给别人看的，做场面也是为了树立形象、打造品牌。

胡雪岩有求强、求大的性格，他做生意，就特别注重做场面。以他的意思，做生意首先就要做出一个热闹的场面，而且，"场面总是越大越好"。因此，一项生意投入运作之前，他总要为如何做出一个特别的场面动很多心思。

如何把场面做大、做热闹，不同的人当然有不同的招数。寻常做法，也不过就是装修剪彩、送花篮、放鞭炮、摆宴席、送礼品、请名人题字作画之类，敲锣打鼓地热闹一番。胡雪岩的阜康钱庄开业之时，这些场面上的事情他也是着实费了一番心思。比如他要刘庆生去选钱庄铺面，就要求房子轩敞气派，装修也要富丽堂皇，不能小家子气。甚至连堂上悬挂的字画，他都想到了，要求第一不能是赝品，惹行家笑话，第二名气不能太小，名气太小配不上阜康的招牌，撑不起场面。钱庄开业当天，阜康张灯结彩，柜台里四个伙计一律簇新蓝布长衫，笑脸迎人，请来了杭州城里官商两界几乎所有的名人。胡雪岩亲自接待，摆酒款客，直吃到午后三点多钟，也着实热闹了一把。

场面场面，首先自然是场上面上的事情要做好。生意场上，这些场面上的事情常常是必不可少的。堂皇的门面、不凡的气派往往是赢得客户信赖的一个很重要的外部条件。一眼看去，给人一种小家子气的商号，一开始就不会被客户重视。从这一角度看，这些场面上的事，其实并不是打肿脸充胖子的一味摆阔，它实际上也是在树立自我形象，在向公众显示自己的实力、优势，以吸引客户的注意，唤起客户的信任。因此，这些寻常做法常常也是必要的，也是要做好的。

当然，生意人在做场面的时候，也要注意一个问题，那就是场面易做不易收。生意场上，如果有足够的实力，当然是能把场面做多大就做多大，而且越大越好。但场面一旦做出，要抽身出来，常常也要付出代价。因为场面一收，往往会动摇客户对商号的信心，使客户对商号的经营状况、现有实力、未来发展以及信誉程度产生怀疑。从这个意义上说，场面也是一把双刃剑，成也是它，败也是它。所以，场面的收放，都要慎之又慎。

正因为这个原因，尽管已经四面楚歌、面临倒闭危机的情况下，胡雪岩也要尽力把场面撑起来。

甲午之变，由于洋行联手排挤，加上在上海主抓洋务的盛宣怀等人的掣肘、造谣，上海阜康钱庄总号出现挤兑风潮，这时的胡雪岩已经陷于四面支绌的困境。也恰恰是这个时候他的三女儿出嫁。按一般人的想法，正处于危机之中，儿女婚事自然应该免去铺张，不要太过张扬。连帮他的人也认为，这场婚礼既然定下了日期，按照风俗自然不能更改，但场面也不宜太大，只要不太委屈了女儿，女儿包括外人也都是可以理解的。

但胡雪岩却仍然要把场面做大,为此,他采取了三项措施:

第一,所有一应排场照旧。胡雪岩一到杭州,就有在胡家地位特殊的乌先生上船接住,报告上海、杭州两地的"灾情",同时他建议胡雪岩移舟到离家更近的万安桥登岸。胡雪岩的宅邸在元宝街,他的钱庄在清河坊,因此,胡雪岩由外地回杭州,一向是在位于元宝街与清河坊之间也是杭州城里最热闹的望仙桥码头上岸。而且每次回杭,都要家人接轿,摆出极隆重的排场:身穿簇新"号褂子"的护勇在码头上站成两排,点起官衔灯笼,打起旗子,护着一顶蓝呢大轿,常常会引来大群看热闹的行人。乌先生的建议自然是因为风潮已起而希望胡雪岩不要过于张扬。但胡雪岩没有接受乌先生的建议,而是要求一切排场照旧。这当然是在保住面子,胡雪岩不能让别人以为阜康挤兑风潮一起,他自己就灰溜溜的了。

第二,阜康营业照旧。胡雪岩一到钱庄,就否定了钱庄档手谢云清和螺蛳太太商量的钱庄停业3天的决定,要求照常卸下排门做生意。不仅如此,他还要求谢云清连夜察看储户账目,做两件事情:一是提早将几个大户的利息结算出来,把银票送到他们门上去;二是告诉那些大户,年关已近,要提款应付开销的,尽可交代,以便预先准备。这是守信用,更是要做回面子。

第三,原拟要办的三女儿的喜事也照旧。胡雪岩此次从上海回杭州,其实主要就是为三女儿的婚事。虽然还未下船就知道了要命的"噩耗",但胡雪岩一进家门,就告诉螺蛳太太,女儿婚事该怎么办还是怎么办,一切照常,而且,再难也要做到,不管用什么办法,场面无论如何要绷

## 戒律十二　做生意要造形象，没招牌如何进财

起来。这当然更是做面子。阜康挤兑风潮一起，是否仍按以前排场大肆操办女儿婚事，正是为众人瞩目的一件大事。如果女儿的婚事一改原来胡家办大事的排场风光，自然更是没有了面子。胡雪岩不能"丢"面子。

胡雪岩如此处置，当然不是"死要面子活受罪"的硬撑。

他如此处置的效果是十分明显的。第一，这些措施使客户保持了对阜康的信心，由此稳定了人心并保住了自己的信誉。正是有了这一系列措施，杭州的挤兑风潮才没有向恶性发展。第二，稳定了人心，也稳定了大户，使原本可能参加挤兑的大户不再加入挤兑风潮，减少了压力。钱庄生意最怕挤兑，挤兑最烈则是大户加入兴风作浪。大户稳定下来，零星散户，力能应付，也就无足为虑了。

这是胡雪岩于危机中力挽败局的重要手段，只要在人们心中阜康的招牌不倒，就意味着还有重新振兴的希望。

其实胡雪岩的这种做法对于我们而言，无论是在做人还是经商上，都很值得借鉴。我们知道，人这一生不可能顺风顺水，正所谓"三十年河东，三十年河西"，或许今天你仍然风光无限，明日便遭逢大难。这种时候，我们可能会有短暂的低迷，但决不能就此一蹶不振，丢什么也不能丢了心气。

所以，你必须做出个样子来，纵然失败了，也要摆出成功者的姿态，而决不能垂头丧气地出现在众人面前。你这副样子，别说一般关系的人，就是亲朋好友亦会对你丧失信心，认为你已经一败涂地，没有了爬起来的精力与勇气。甚至，很多人会就此远离。那么，没有了这些人的支持，你便可能会失去东山再起的助力。

这种时刻，最考验你的韧性和毅力。你必须坚持住，纵然是"强颜欢笑"，人前也不能输了志气。你要让所有人看到，你依然是那个敢作敢为、果断坚强的强者，而挫折与失败绝不会将你打倒。你要给身边所有人信心，这信心来自你的人格魅力。你需要用那份乐观与豁达感染他们，这样他们才会和你一样信心满满，才会紧紧围绕在你的身边，同甘共苦，合力去走出困境，创造未来。

---

  丢什么不能丢了心气，没什么不能没了希望。只要心在，梦就会在。人这一生，酸甜苦辣咸，都得尝过一遍，你不能尝到甜头就欢颜，尝到苦头就愁眉。无论什么时候，都要有一个精气神在那儿。做生意，再怎么困难，你也别让自己的招牌倒下；做人，再怎么苦累，也别让自己的精神倒下。只要心志不倒，人生便不会倒。

---